AI와 보도자료 2.0

AI문고

인공지능 시대입니다. 기계가 인간의 인지를 대신하고, 사물이 인간을 통하지 않고 다른 사물과 직접 커뮤니케이션합니다. 이에 따른 인간 삶과 문명 변화를 정확히 이해·예측·대응하는 것은 이 시대 우리 모두의 과제입니다. AI문고는 인공지능 기술과 환경의 여러 주제를 10가지 키워드로 정리합니다. 관련 개념과 이론, 학계와 산업계의 쟁점, 우리 일상의 변화를 다룹니다. 인간과 기술의 현재, 미래를 세심히 분석합니다.

일러두기

- 인명, 작품명, 저서명, 개념어 등은 한글과 함께 괄호 안에 해당 국가의 원어를 병기했습니다.
- 외래어 표기는 현행 어문규정의 외래어표기법을 따랐습니다.

처음이세요?

전문가세요?

지금, 큐알 찍으면

🎁 AI 입문서 바로 선물

📚 당신만의 필독서 추천

📖 500권 요약본 공짜

🎧 오디오북 무료 사용

AI와 보도자료 2.0

김승기

대한민국, 서울, 커뮤니케이션북스, 2026

AI와 보도자료 2.0

지은이 김승기
펴낸이 박영률

초판 1쇄 펴낸날 2026년 1월 9일

커뮤니케이션북스(주)
출판 등록 2007년 8월 17일 제313-2007-000166호
02880 서울시 성북구 성북로 5-11
전화(02) 7474 001, 팩스(02) 736 5047
commbooks@commbooks.com
www.commbooks.com

ISBN 979-11-430-1562-4 03500

책값은 뒤표지에 표시되어 있습니다.

차례

생성형 AI, 보도자료 2.0 시대를 열다

홍보 담당자가 늦은 밤까지 문장을 다듬고, 이메일 버튼 하나 누르기를 고민하던 날들이 있었다. 그런 날이면 문득 하나의 질문이 떠오르곤 했다.

> 이 보도자료가 기자의 관심을 끌긴 할까? 아니면 알고리즘의 문턱에서 사라질까?

이제 그 질문은 더 이상 미지의 영역이 아니다. 보도자료는 단순한 메시지 전달 수단을 넘어 알고리즘의 심판대 위에 올랐다. 검색 엔진과 SNS 알고리즘이 '누가, 무엇을 읽을까'를 결정하는 시대가 왔다. AI는 더 이상 먼 미래가 아니라 지금 뉴스룸과 홍보실의 현실로 들어왔다.

이 책은 보도자료의 역사를 단순한 시간의 흐름으로 보지 않는다. 100년에 달하는 이 긴 역사를 생성형 AI의 등장이라는 결정적 변곡점을 기준으로 한 번의 전환점으로 재해석하고자 한다. 첫 시대에는 사람이 전 과정을 지휘했지만 이제는 생성형 AI와 인간이 공존하는 새로운 질서가 도래했다. 100여 년의 역사를 보도자료 1.0 시대와 보도자료 2.0 시대로 나누고, AI와 인간이 공존하는 새로운 질서를 제시할 것이다. 이를 '보도자료 2.0 시대'라 정의한다.

1.0 vs 2.0: 본질의 변주

'보도자료 1.0 시대'는 사람 중심의 기획, 작성, 배포가 중심이었다. 사람이 모든 과정의 주체가 되어 통찰력과 감성적 연결, 윤리적 책임을 전적으로 담당했다. 홍보 전문가가 아이디어를 구상하고, 문장을 다듬고, 발신처를 선정했으며, 정교한 문체, 맥락을 살린 서사, 진심이 메시지의 설득력을 좌우했다. 속도는 느렸지만 의미와 관계 중심의 소통이 핵심이었다.

그러나 '보도자료 2.0 시대'는 다르다. 2020년대 중반, 대규모 언어 모델(LLM)과 실시간 데이터 분석 기술의 결합으로 생성형 AI는 단순 문장 작성 수준을 넘어섰다. AI는 정보의 맥락과 의도까지 해석하며 초안 생성, 맥락 해석, 맞춤형 배포 전략 수립까지 담당하게 되었다. 이처럼 AI가 방대한 데이터를 실시간 분석하고, 초안을 순식간에 생성한다.

'보도자료 2.0 시대'에는 AI와 인간의 역할이 명확하게 구분된다. AI가 작성의 주도권을 분담하고, 인간은 최종 전략가이자 편집자로 역할이 진화하는 새로운 질서가 도래한 것이다. 우리는 속도를 무기로 삼되, 그 너머의 전략과 깊이를 설계해야 한다. 아울러 보도자료는 더 이상 단일한 문서가 아니다. 알고리즘과 맞물려 독자 맞춤형 문장, 시각 · 영상 통합 콘텐츠, 실시간 배포 전략이 뒤섞이는 복합 메시지로 확장되고 있다.

AI의 등장은 보도자료 작성 전 과정을 완전히 대체한 것이 아니라, 효율성과 전략적 사고를 새롭게 분담하게 만든 전환의 시작이다. 이에 따라 홍보 전문가의 역할은 '작성자'에서 '최종 편집자'이자 '전략가'로 근본적인 변화를 맞았으며, 이 역할 변화는 '보도자료 2.0 시대'의 핵심적이고 본질적인 특징이다.

효율성의 정복과 전략의 숙제

AI는 방대한 데이터를 실시간 분석하고, 논리적 구조를 갖춘 초안을 순식간에 생성한다. AI가 몇 초 만에 정보를 처리하고, 수많은 보도자료 초안을 생성해 생산성을 극대화한 것이다(임지선, 2024). 속도의 전쟁에서 우리는 그 우위를 얻었다.

하지만 이러한 급속한 자동화는 홍보 전문가들에게 동시에 새로운 딜레마를 안겨 준다. 기계가 생산하는 진부한 클리셰 문구, 윤리적 위험, 가짜뉴스의 유혹, 편향된 데이터라는 새로운 과제에 직면했기 때문이다(박혜리, 2025).

이 책은 바로 그 지점에서 홍보 전문가들에게 해법을 제시한다. 이 전환점에서 AI를 '도구'로 완벽히 제어하고 보도자료의 '뉴스 가치'를 극대화할 전략과 실전 솔루션을 제공하기 위해 기획됐다. 이 책은 'AI를 제어하는 전략가'로 거듭나는 길, AI의 속도와 인간의 깊이를 조합하는 기술을 담았다.

핵심 메시지는 단순하다. "AI로 극강의 효율을 확보하고, 남은 시간을 전략의 심층으로 투자하라." AI를 통해 '극강의 효율성'을 확보하고, 절약한 시간을 오직 인간만이 구현할 수 있는 '전략적 깊이' 강화에 투자해야 한다는 것이다(이순임, 2025).

속도의 승자, 전략의 무기

보도자료는 100년 넘게 언론과 기업 간 핵심 소통 수단이었다. 그러나 이제 보도자료는 더 이상 언론사와 기자의 편지함에 머무르지 않는다. 지금은 알고리즘이 지배

하는 시대다. 기자가 아닌 '검색 엔진과 SNS 알고리즘'이 뉴스 운명을 결정하는 실질적인 게이트키퍼가 되었다(뉴스와이어, 2025). 언론사를 거치지 않고도 AI 기자와 알고리즘 중심의 유통 구조가 새롭게 구축되고 있다.

이 책은 AI와 미디어 생태계가 얽힌 지형 속에서 보도자료가 데이터와 전략적으로 어떻게 연결되고, 미디어의 주목을 넘어 독자의 공감까지 이끄는 전략이 되려면 무엇이 필요한가를 제시한다.

제4장 '속도 전쟁'에서는 AI 기반 파이프라인 구축으로 기획부터 초안 작성까지 자동화하는 방법을 소개한다. 긴급 보도 상황에 10분 내 핵심 초안을 완성하는 AI 비상 체계 구축과 신속 생산 시스템을 제시한다(경기도뉴스포털, 2024). 독자는 '목표-배경-핵심 내용-기대효과' 구조로 AI를 지시하는 전략 기획 공식과 시장 동향 비교 분석을 AI에게 맡겨 전략 기획 과정을 고도화하는 구체적 프롬프트를 익히게 될 것이다. 이 책은 단순한 작성 속도 향상을 넘어, AI 시대를 선도하는 홍보 전문가의 실전 무기가 될 것이다.

제6장에서는 스토리텔링을 다룬다. AI가 작성한 보도자료의 최대 위험인 진부한 클리셰 문구를 방지하는 창의적 프롬프트 엔지니어링 기법을 제시한다. 'AI 보도자

료 공식'은 3단계 구조 프롬프트(제목 · 리드, 본문 · 인용문 논리 강화, 최종 포맷)로 구성된다. 특히, 숫자 나열을 넘어 마음을 흔드는 플롯과 인용을 담고, AI에게 5가지 심층 질문을 던져 답변을 작성하게 하는 '기자 질문 Q&A 시뮬레이션' 노하우도 공개한다. 보도자료는 진부한 전달 문장에서 벗어나, 맥락과 감성을 아우르는 설득의 도구가 된다. 이는 단순 사실 전달을 넘어 보도자료에 생생한 맥락과 설득력을 부여하는 전략적 접근이다.

AI 초안 & 인간 감성: 협업의 설계

이 책은 실무 역량과 전략 · 윤리를 함께 다룬다. 제2부(4~7장)에서는 보도자료 작성 파이프라인 구축, 프롬프트 엔지니어링, 스토리텔링 공식, 피드백 루프 구축 등 실전 역량을, 제3부(8~10장)에서는 위기관리 전략, 윤리적 책임의 깊이, 미래 핵심 역량 등을 다룬다.

AI 초안에 인간의 감성, 비판적 통찰, 문화 맥락을 입히는 협업 방식이 이 책이 제시하는 이상적 모델이다. AI가 쉽게 놓치는 기업 철학과 문화를 반영하고 단순 교정을 넘어 '가치 제고'에 집중하는 인간의 역할 전략을 제시한다. 홍보 전문가는 AI 초안의 핵심 메시지 일관성을 점검하고 다듬으며 과도한 수식어를 삭제해 사실 중심 문장으로 정제하는 최종 검토에 집중해야 한다(김병희, 2024).

궁극적으로 AI는 보도자료 생산성을 높이는 도구일 뿐이다. 윤리적 판단, 책임, 신뢰, 진정성 있는 메시지 전달은 결코 기계에 양도할 수 없는 인간 홍보 전문가 고유의 영역이다. 가짜뉴스와 딥페이크 위협 속에서 보도자료가 공식적이고 검증된 '단일 진실의 원천'으로 기능하도록 만드는 것은 인간의 윤리적 책임이다. 저작권 침해와 표절 위험을 피하고(권혜미, 2024), 편향된 데이터 학습으로 인한 오류를 방지하기 위한 투명성 원칙 등 새로운 윤리 강령을 습득해야 한다(박해리, 2025).

4대 역량과 미래 변화

이 책은 향후 5년간 홍보 전문가에게 요구될 핵심 역량과 다가올 미래 변화를 조망한다.

홍보 전문가의 4대 핵심 역량

1. 프롬프트 통찰력: 단순 명령을 넘어 전략 목표와 윤리 제약을 담아 AI를 제어하고 결과 품질을 판단하는 능력.
2. 전략 기획가: AI로 확보한 시간을 장기 커뮤니케이션 전략과 미디어 연구에 투자하는 안목.
3. 윤리적 판단력: AI 편향성, 오류, 투명성 문제를 감지하고

대응하는 책임감.

4. 인간적 연결력: AI가 대신할 수 없는 기자와의 신뢰 구축, 그리고 이해관계자와의 진정성 있는 소통.

보도자료 분야의 5년 이내 미래 변화 예측

1. 초개인화 보도자료: AI는 빅데이터와 독자 프로파일을 기반으로 타깃별 맞춤형 보도자료를 실시간 생성 · 배포하여 참여도와 관심을 극대화할 것이다.

2. 멀티미디어 통합 콘텐츠: AI가 자동으로 시각 · 음향 · 영상 콘텐츠를 제작해 텍스트를 넘어 다채롭고 직관적인 메시지 전달이 가능해진다. 텍스트를 넘어 영상, 음향, 이미지가 통합된 메시지가 주류가 될 것이다.

3. AI 윤리 기준 체계화: 공공과 민간 차원에서 AI 작성 보도자료의 투명성, 저작권, 신뢰성 검증을 위한 표준과 규제가 제도화될 것이다.

4. AI-인간 협업 플랫폼 활성화: AI-인간 협업을 지원하는 클라우드 기반 제작 · 워크플로 플랫폼이 보편화되어 품질 관리와 효율성이 크게 향상될 것이다.

이런 변화들은 홍보 전문가가 AI를 단순 도구가 아닌 전략적 파트너로 수용하며 지속적으로 역량을 강화해야 함을 시사한다. 새로운 기술과 윤리, 전략을 통합하는 능력이 미래 홍보 성공의 관건이 될 것이다. AI가 반복 업무를 대신할수록 우리는 전략 수립, 윤리 검토, 미디어 관계 강화에 더욱 집중해야 한다. AI는 경쟁 상대가 아닌 협력자로, 홍보 전문가는 두려움 없이 변화를 주도하며 새로운 기회를 모색해야 한다.

선택의 순간 앞에서

AI가 속도를 장악한 시대, 우리가 싸워야 할 전장은 속도가 아니라 전략이다. AI는 삽시간에 초안을 내놓을 뿐이다. 우리는 그 초안에 맥락을 입히고 감성을 심고 책임을 더하며, 클리셰를 피하고 인간의 온기를 담아 한 걸음 더 나아가야 한다. AI가 놓치기 쉬운 기업 문화, 철학, 그리고 인간적인 감성 – 그것이 곧 홍보인의 무기다.

이 책은 단순히 "AI로 작성한다"를 넘어 AI를 전략적 파트너로 전환하는 실천 전략을 제시한다. 프롬프트 설계부터 비상 대응 체계, 스토리텔링 기법, 윤리적 검토까지 전 과정을 다룬다. 궁극적으로 이 시대의 홍보인은 'AI의 명령자'이자 '인간의 비평가'로 거듭나야 한다.

앞으로의 여정은 명확하다. AI로 효율을 확보하고 남은 시간을 오직 전략에 투자해야 한다. 감성과 통찰로 메시지의 격을 높이고, 신뢰와 책임이라는 인간 고유의 영역을 지켜야 한다. 변화는 피할 수 없는 흐름이다. 하지만 우리는 두려움 속에 놓여 있을 필요가 없다. 오히려 이 기술의 파도를 타며 새로운 '소통의 지평'을 열어야 한다.

선택은 분명하다. AI에게 끌려갈 것인가, AI와 함께 다시 소통을 설계할 것인가? 이 책은 단순한 매뉴얼을 넘어, AI 시대 홍보 리더가 마주할 도전과 가능성에 대한 깊은 통찰과 실천적 지혜의 세계로 안내할 것이다.

참고문헌

경기도뉴스포털(2024.9.20). "경기도, 맞춤형 AI로 보도자료 작성 지원 … "10분 만에 뚝딱"". https://gnews.gg.go.kr/briefing/brief_gongbo_view.do?BS_CODE=s017&number=63134

권혜미(2024.2.5). "[이슈플러스]급팽창하는 생성형 AI 콘텐츠… 저작권 문제, 수면 위로". 전자신문. https://www.etnews.com/20240205000006

김병희(2024.10.4). "[PR Writing] 챗GPT를 활용해 보도자료 작성하기". 반론보도닷컴. https://www.banronbodo.com/news/articleView.html?idxno=23314

뉴스와이어(2025.4.21). "알고리즘 시대, 효과적인 뉴스 노출 전략". https://blog.newswire.co.kr/?p=17301

박해리(2025.8.2). "AI 윤리 문제 심화: 생성형 AI의 저작권 논란과 사회적 책임". 데일리연합.

https://dailyan.com/news/article.html?no=728154
이순임(2025.9.12). “[기획] AI가 선택하는 시대, 기업 홍보의 무기는 ‘콘텐츠 설계’”. 반론보도닷컴. https://www.banronbodo.com/news/articleView.html?idxno=30864
임지선(2024.2.4). “기자는 AI와 경쟁해야 할까… 6가지 문체로 10초 만에 기사 뚝딱”. 한겨레신문. https://www.hani.co.kr/arti/economy/economy_general/1127132.html

01
보도자료의 탄생과 진화

홍보 현장에는 늘 묵묵한 긴장감이 있다. "이 기사는 언론의 선택을 받을까?", "이 문장은 AI가 써 준 초안인데, 사람이 읽을까?" 우리는 매번 그런 질문 앞에 선다. 생성형 AI가 보도자료 작성의 속도와 효율성을 극대화하며 2.0 시대를 열었지만 이 급진적인 혁명의 시대일수록 보도자료의 가장 근본적인 가치, 즉 '기본기'를 되돌아봐야 한다.
이 장에서는 보도자료 1.0 시대의 태동과 AI 시대에 재정립되어야 할 근본 가치를 탐구한다. 보도자료의 뿌리를 고찰하며 2.0 시대를 견고하게 세울 토대를 닦아 보자.

기후 위기와 인공지능?

보도자료의 탄생과 기본 가치

현대 보도자료의 기원은 1906년, 펜실베이니아 철도회사에서 대형 열차 사고가 발생했을 때로 거슬러 올라간다. 당시 홍보 관례는 사고 은폐였지만, 홍보 전문가인 아이비 리(Ivy Lee)는 달리 생각했다. 그는 사고 사실을 투명하게 담은 문서를 언론에 배포했고, 심지어 기자들이 현장에 접근할 수 있게 지원했다. 이 문장이 '뉴욕 타임스'에 거의 원문 그대로 실렸다(뉴스와이어, 2013).

아이비 리의 접근법은 충격이었다. 은폐 대신 투명성, 왜곡 대신 정확성, 선제 공개를 통한 신뢰 구축. 이것이 현대 보도자료의 출발점이다. 이후 보도자료는 단순한 홍보 수단을 넘어 언론과 기업의 상호작용 지점이 되었다. 정보 전달, 위기 대응, 미디어 관계 형성－이 세 축이 보도자료가 갖는 핵심 기능이며, '진실을 기반으로 한 공식적인 소통'이라는 근본 목적을 내포하고 있다(신인섭, 2014).

보도자료는 AI가 뉴스를 편집하는 '보도자료 2.0' 시대에도 여전히 모든 뉴스 콘텐츠 제작의 '기초 재료'다. AI는 기업의 공식 입장이나 미발표 데이터를 스스로 만들어 낼 수 없다. 따라서 잘 작성된 보도자료는 언론인에게 시간과 노력을 절약해 주는 핵심 자원이자 기업이 '기사화되기를 원하는 정보의 원형'을 가장 빠르고 정확하게 제공하는 유일한 수단이다. AI가 이 정보를 가공하더라도 그 원천적 진실성은 보도자료에 의해 증명된다.

다만, AI 시대의 가장 큰 위험은 AI가 보도자료를 판매 증진 목적의 주관적인 홍보문으로 오인하고 작성하는 것이다. AI는 맥락 없이 '업계 최초', '획기적인' 등 과장된 수사를 사용하려는 경향을 보인다. 보도자료의 목적은 사실과 정보를 '객관적으로' 전달하여 언론 보도를 유도하는 것임을 명심해야 한다. 홍보 전문가는 AI에게 객관성을 부여하고 팩트 중심의 명령을 내려야 한다. 결국 홍보 전문가의 역할은 AI가 만들어 낸 결과물이 이 객관성의 경계를 넘어서지 않도록 '윤리적 편집자' 역할을 수행하는 데 있다(김갑봉, 2025).

AI 시대, 보도자료의 '뉴스 가치' 재정립

본질과 신뢰: 보도자료의 불변 축

AI는 뛰어난 문법과 논리적 구조를 제공하지만, '사실'을 발굴하고 그 사실에 '맥락'을 부여하는 것은 인간 고유의 영역이다. AI는 학습한 방대한 데이터에 기반해 그럴듯한 정보를 조합할 뿐, 사건의 숨은 맥락, 기업 내부의 뼈대, 사회적 파장을 해석하는 것은 인간의 몫이다. AI가 만들어 낸 인용문이나 수치는 표면적일 수 있다. 우리는 반드시 이를 검증하고 조정해야 하며, 그렇게 다듬어진 문장이야말로 사실 이상의 진실이 된다.

보도자료의 본질은 단순히 정보를 전달하는 데 그치지 않는다. 기업의 신뢰, 투명성, 책임—이 모든 가치를 비추는 거울이자 매개체가 보도자료다. 따라서 AI 시대의 보도자료 본질은 '데이터를 넘어서는 진실 제공'으로 재정립되어야 한다. 홍보 전문가는 AI가 생성한 모든 콘텐츠에 대해 팩트 체크의 최종 책임자로서 역할을 수행하고, 기업 비전과 사회적 위치를 고려한 전략적 맥락을 부여해야 한다. AI가 대체할 수 없는 이 본질이 바로 보도자료의 변치 않는 핵심 가치다.

오늘날 독자는 매일 헤아릴 수 없을 만큼의 뉴스와 콘텐츠에 노출된다. 정보 과잉에 시달리는 이 상황에서 보도자료는 단순 정보원이 아니라 '신뢰할 수 있는 최종 정리본'으로서의 역할을 강화해야 한다. 이는 보도자료가 길이나 양보다는 정보의 질과 명확성에 집중해야 함을 의미한다. 이런 방식으로 보도자료는 독자에게 '이 문서만큼은 믿을 만하다'는 인상을 남길 수 있다. 홍보 전문가는 AI에게 초안 편집자를 넘어 윤리적 감별자 역할을 요구해야 한다. 사실과 허구의 경계를 지키고, 메시지의 일관성을 확보하며, 사회적 책임을 상시 고민하는 것이 이 시대의 기본기다.

알고리즘 시대의 실행 전략과 진정성 대응

예전에는 뉴스 가치가 기자의 직관과 뉴스룸의 전략 기준이었다. 하지만 요즘은 언론사 편집자뿐 아니라 알고리즘도 뉴스 가치를 판단하는 기준이 된다. 알고리즘은 클릭, 체류 시간, 공유 수 등의 데이터를 근거로 콘텐츠 노출을 정하는데, 이는 전통적 뉴스 가치 모델을 재정의하게 만든다. 언론학 연구에서도 알고리즘 중심 저널리즘에 대한 논의가 활발하다. 보도자료가 성공적으로 언론 보도로 이어지고 확산되려면, 기자 선택뿐 아니라 알고리즘의 노출 조건도 충족시켜야 한다. 현대 뉴스 생태계에서 기사화와 확산이 알고리즘에 의해 결정되기 때문이다. 뉴스 가치를 극대화하기 위한 실행 전략은 다음과 같다.

- **핵심 키워드+시의성 연계**: AI를 활용해 가장 '핫'한 키워드를 선별하고, 보도자료의 시의성과 독자와의 거리감을 전략적으로 연결한다.

• **데이터 신뢰 강화**: 명확한 출처와 함께 객관적인 데이터를 제공하여 알고리즘이 선호하는 신뢰 정보의 비중을 높인다.

• SEO **요소 반영**: 제목과 리드, 중요 문단에 검색 엔진 최적화(SEO) 요소를 반영하여 디지털 환경에서 보도자료 노출을 극대화한다.

• **알고리즘 친화 문장 설계**: 자연어 처리에 최적화된 짧고 명료하며 예측 가능한 구조의 문장과 콘텐츠 구조를 적용한다.

이 전략들은 단순한 기술 적용이 아니다. 인간의 통찰과 AI 분석이 결합할 때 그 힘이 배가된다. AI가 무수한 문장을 쏟아낼수록, 독자와 기자는 '진부함'에 익숙해진다. 정형화되고 뻔한 클리셰 문장(예: 업계 최초, 획기적)은 신뢰도 저하를 초래하며 독자의 공감과 신뢰를 갉아먹는다. 이 피로감을 극복하려면 기업만의 고유한 목소리를 담아야 한다. 이는 AI가 모방하기 어려운 기업 철학, 문화, 그리고 인간적인 노력이 배어있는 스토리를 말한다. 기업 철학, 문화, 작은 경험과 가치가 메시지 속에 스며 있어야 한다. AI가 초안을 작성해도 최종 검토 단계에서 인간의 '휴먼 터치'를 통해 따뜻하고 진정성 있는 메시지를 부여해야 한다. 결국 기자와 독자의 피로도는 명확한 사실과 진정성 있는 메시지를 담은 '읽을 가치가 있는' 보도자료로만 극복할 수 있다.

보도자료의 구성 원칙

전략은 방향을 제시하지만 실제 실행은 구성 요소에서 승부가 난다. 전통적인 방식의 보도자료 구성 핵심 요소는 제목과 리드, 데이터와 인용, 그리고 최적의 구조 세 가지다. AI 시대에 기자의 선택을 얻는 보도자료는 전통적인 원칙 위에 디지털 환경의 요구사항을 결합해야 한다.

제목과 리드

제목은 기자의 눈길을 사로잡는 한 줄이자 클릭 요소와 기사화 확률을 동시에 고려해야 한다. 5W1H(Who, What, When, Where, Why, How) 중 '가장 핵심된 사실'을 담되, AI가 흔히 쓰는 "획기적인 혁신 도입" 같은 과장형 용어는 피해야 한다. AI에게 제목을 요청할 때는 과장 없이 사실 중심이라는 제약을 반드시 명령해야 한다. 제목은 보도자료 가치를 함축하는 최초이자 최종 관문이다.

리드는 보도자료 전체 운명을 좌우하는 요소로, 3~4 문장 안에 뉴스의 '의의'를 응축해야 한다(뉴스와이어, 2013). 전통적 5W1H를 기본으로 하지만 AI 시대엔 '왜(Why) 이 뉴스가 지금 중요한가'를 명확히 보여 줘야 한다. AI는 5W1H 조합은 능하지만, 리드는 그 조합을 넘어서는 인간의 통찰력, 즉 사회적 · 경제적 영향과 맥락적 중요성을 요구한다.

데이터와 인용

기자의 보도자료 선택 기준은 주장이 아닌 증거다. 데이터와 인용은 핵심 신뢰 기반이며, 이 두 요소를 통해 메시지의 진정성을 확보해야 한다.

- **데이터**: 객관적 통계, 수치, 조사 결과를 출처와 맥락이 분명하게 제시해야 한다. AI에게 데이터를 요청할 때는 출처 명시 및 검증을 요구하는 것이 필수다.
- **인용**: 기업 대표나 전문가 인용문은 메시지 강화 및 인간적 감동을 위한 도구다. AI가 생성한 인용문은 최종적으로 인간이 톤과 진정성을 다듬어 인간의 온기를 불어넣어야 한다.

최적의 구조 & 디지털 확장

성공적인 보도자료는 언론 보도에 최적화된 역피라미드 구조를 따른다. 핵심 정보를 맨 앞에 배치하고, 중요도 낮은 정보를 뒤로 배치해 기자가 신속히 핵심을 파악하고 후반부 내용이 잘려도 핵심이 유지되게 한다(뉴스와이어, 2013).

한편, 디지털 시대엔 보조 구조를 더할 필요가 있다. 요약 박스, 멀티미디어 링크, 하이라이트 섹션 등 본문 외의 디지털 확장 구조를 추가해야 한다. 이런 구조는 기자뿐 아니라 AI · 알고리즘에게도 정보를 효율적으로 추출하게 돕는 '읽히기 좋은 문서'를 만드는 전략이다. 기자 친화적 구조는 기사화 성공의 절대 조건이다.

불변의 가치와 새 전략의 토대

AI는 놀라운 속도로 세상을 바꾸고 있다. 그러나 그 변화 한가운데서 우리가 잊지 말아야 할 것은 '사람'이다. 아무리 정교한 기술이라도 사람의 마음을 읽고, 공감하며, 신뢰를 쌓는 일은 오직 인간만이 할 수 있다. 보도자료 2.0 시대의 본질은 그래서 기술이 아니라 기술을 다루는 우리의 마음가짐이다.

AI는 단지 길을 비춰주는 빛일 뿐, 그 길을 걸어가는 것은 결국 우리 자신이다. 그리고 그 여정 속에서 우리는 더 따뜻하게, 더 진심으로 세상과 연결될 수 있다.

참고문헌

김갑봉(2025.2.19). "[기획] AI 저널리즘, 신뢰를 지키는 윤리 기준

필요". 인천투데이.
https://www.incheontoday.com/news/articleView.html?idxno=263150
뉴스와이어(2013.2.4). "보도자료 작성 요령: 역(逆)피라미드 형식으로 작성하라". https://blog.newswire.co.kr/?p=506
뉴스와이어(2013.3.11). "보도자료 역사: 1906년 세계 최초로 등장한 보도자료". https://blog.newswire.co.kr/?p=1079
뉴스와이어(2013.7.22). "보도자료 첫문장(리드) 작성법 10가지". https://blog.newswire.co.kr/?p=1872
신인섭(2014.5.8). "PR의 힘, '피의 러들로'를 '위대한 은인'으로". 더피알.
https://www.the-pr.co.kr/news/articleView.html?idxno=10926

02
AI 기자의 등장

"만약 당신이 기자라면,
오늘 아침 첫 문장을 어떻게 쓸 것인가?"
이 질문은 단순한 글쓰기의 시작이 아니다.
저널리즘의 본질, 즉 '무엇을 어떻게 말할 것인가'에 대한 깊은 성찰을 요구한다.
그런데 이제, 그 첫 문장을 AI가 쓸 수 있다면 어떨까? AI는 단순한 도구를 넘어, 뉴스룸의 일원으로 자리 잡았다. 그 존재는 더 이상 실험적이지 않으며, 현실이 되었다.

노래하는 AI 보컬?

생성형 AI는 홍보 전문가의 책상을 넘어 언론사 편집국까지 침투하며 글쓰기 환경을 근본적으로 변화시켰다. 이제 AI는 'AI 기자'라는 형태로 뉴스룸에 상주하며 기사를 생산하는 현실이 되었다(제주소통투데이, 2025). 이러한 변화 속에서 홍보 전문가가 AI의 작동 메커니즘을 정확히 이해하고 최적의 도구를 선택하며 그 한계를 극복하는 일은 경쟁력 확보의 필수 조건이 되었다. 이제 AI를 제대로 이해하는 것은 홍보 전문가의 핵심 역량으로 자리 잡았다. 결국 이 모든 변화는 하나의 질문으로 귀결된다. 우리는 AI를 어떻게 다루어야 하는가?

AI 기자의 등장 배경과 현황

AI 기자의 작동 원리

AI 기자 또는 로봇 저널리즘은 소프트웨어가 특정 데이터와 알고리즘을 활용해 기사를 자동으로 작성하는 시스템을 뜻한다. 그 원리는 비교적 단순하다. 미리 정의된 데이터 소스(예: 스포츠 경기 결과, 기업 실적 보고서, 지진 발생 정보)를 입력하면, AI는 중요한 수치와 사실을 추출한다. 이어 템플릿에 맞춰 정보를 조합하고 자연어 생성 기술을 활용해 자연스러운 문장으로 완성한다.

이 자동 생성 방식은 인간 기자의 개입 없이도 대량의 정형화된 기사를 신속하고 일관성 있게 생산할 수 있어, 치열한 속보 경쟁과 인력 효율이 요구되는 언론 산업에 빠르게 확산되고 있다(최승영, 2024).

이와 함께 AI 기자의 등장은 여러 윤리적 · 사회적 논란도 낳았다. 자동화된 기사 작성이 생산성을 높였으나, AI가 생성하는 콘텐츠의 신뢰성과 편향성, 허위 정보 확산 위험 등에 대한 우려가 커지고 있다(김갑봉, 2025). AI 학습 데이터 내 편향이 기사에 반영되거나, 검증되지 않은 정보를 사실처럼 보도할 우려가 존재하며, 이로 인해 언론 신뢰도 저하 문제도 대두되고 있다. 이러한 문제를 해결하려는 노력으로 AI 콘텐츠의 투명성 확보, 정확성 검증 시스템 도입, 편집자의 윤리적 책임 강화가 요구된다. 이처럼 홍보 전문가도 AI 도구를 활용할 때 윤리적 가이드라인과 사회적 합의를 깊이 인식하는 것이 필수다.

언론사의 AI 도입 사례

주요 언론사들은 이미 AI 기술을 광범위하게 도입하며 그 활용성을 입증하고 있다. 특히 정형화된 데이터 기반 기사가 중심이다. 금융 분야에서는 기업 실적 발표와 주식 시장 변동을, 스포츠 분야에서는 경기 결과와 선수 기록을 신속히 분석해 기사화하는 시스템이 정착되었다.

예를 들어, AP통신은 '워드스미스(Wordsmith)' AI 플랫폼을 활용해 매 분기 3700건 이상의 기업 실적 뉴스를 자동 생성한다(박수빈, 2024). 국내에서도 연합뉴스를 비롯해 부동산 시세, 선거 개표 상황, 기상 특보 등 데이터 변동이 빈번한 분야에 AI를 투입하여 자동 리포팅을 확대하고 있다(엔씨소프트, 2020). 이러한 방식은 인간 기자가 심층 취재, 분석 등 비정형 영역에 집중할 수 있도록 하는 전략적 분업 형태로 진화하고 있다.

기업의 AI 보도자료 활용 현황

언론사의 AI 도입에 맞춰 기업 홍보팀과 PR 대행사도 생성형 AI를 보도자료 작성에 적극 활용한다. 단순 행사 개최나 인사이동 등의 정형화된 보도자료는 이미 AI가 초안을 작성하거나 완성하는 단계에 이르렀으며, 다국어 번역과 다양한 톤 앤 매너 변환에도 유용하게 쓰인다.

하지만 '보도자료 공장' 시대의 부작용도 심각하다. AI가 생성해 내는 보도자료가 뉴스 가치를 잃거나 차별성 없는 클리셰로 가득해 미디어 저변에서 외면받는 사례가 늘어난다. 대량 생산이 정보 쓰레기를 양산할 위험을 내포하므로, 기업은 AI 활용 시 '양'이 아닌 '질'과 '전략적 적합성'에 집중하는 것이 필수다.

생성형 AI의 작동 메커니즘

거대 언어 모델(LLM)의 기본 이해

보도자료 작성에 활용되는 AI 중 상당수는 거대 언어 모델(Large Language Model, LLM)에 기반한다. LLM은 트랜스포머라는 신경망 구조를 사용하여 방대한 텍스트 데이터를 학습하면서 단어와 문장 관계, 전체 맥락을 이해하고 다음 단어를 확률적으로 예측한다.

LLM의 성능은 학습 데이터 양과 질에 크게 좌우된다. 언론 보도나 전문 자료 등 고품질 텍스트를 많이 학습할수록 논리적이고 전문적인 톤과 매너를 구현한다. 반대로 편향되거나 부정확한 데이터가 학습되면 생성물에 오류와 편향이 내포될 수 있어, 데이터 품질 관리가 매우 중요하다.

생성형 AI가 보도자료에 적용되는 원리

생성형 AI 활용의 핵심은 '프롬프트'에 있다. 홍보 전문가는 AI에 보도자료 목적, 핵심 사실, 톤 앤 매너, 문자수 제한, 구조적 제약 등 구체적 요건을 명확히 전달해야 한다. AI는 이를 바탕으로 학습된 언어 패턴 중 최적 문장 · 단어 조합을 확률적으로 생성하며, 반복적 수정 · 보완 과정을 통해 완성도를 높인다.

이 과정에서 홍보 전문가는 '초안 작성자'로서 AI를 활용하고, 자신은 '편집장' 역할로 AI 결과물의 전략적 다듬기에 집중함으로써 최고의 품질을 달성한다.

AI 모델의 선택 기준

다양한 LLM 모델 중 어떤 것을 선택할지는 보도자료의 목적과 유형에 따라 달라진다. 주요 선택 기준은 다음과 같다.

- **속도와 비용**: 단순, 정기 보도자료는 처리 속도와 비용 효율을 고려해 저비용 모델이 적합하다.
- **정확성 및 논리성**: 기술, 금융 등 복잡 정보는 최고 정확도와 논리 구성이 가능한 최신 모델을 선택해야 한다.
- **최신 정보 반영도**: 실시간 이슈, 트렌드는 최신 데이터 학습과 인터넷 연동 기능을 갖춘 모델이 유리하다.

홍보 전문가는 각 모델 특성을 이해해 상황별로 전략적 교체와 조합을 병행하는 유연성을 발휘해야 한다.

'환각'과 '블랙박스'

AI가 보도자료를 작성할 때, 때로 존재하지 않는 정보나 데이터를 사실인 것처럼 생성하는 환각 현상(Hallucination)을 보이거나, 내용의 근거를 알 수 없는 블랙박스(Black Box) 문제를 야기하기도 한다(변수연, 2025). 이러한 윤리적 · 사회적 논란은 언론 신뢰도 저하 문제로도 이어진다.

이 문제를 극복하기 위해 홍보 전문가는 AI가 작성한 모든 사실, 수치, 인용을 엄격히 검증하는 체계를 갖춰야 한다. 다단계 교차 검증과 출처 확인은 필수이며, AI의 데이터 출처와 학습 기반을 투명하게 밝히려는 설명 가능한 AI(Explainable AI) 기술 도입도 권장된다. 이러한 기술적 · 조직적 대응은 AI 활용의 신뢰성과 윤리적 사용을 담보하는 핵심 기반이 된다.

주요 AI 모델별 특징과 보도자료 작성 활용법

대표적 AI 모델들을 이해하고 장단점을 파악하는 것은 효과적 AI 활용의 시작이다.

- GPT-4(OpenAI): 방대한 학습량을 바탕으로 뛰어난 언어 이해 및 다양한 톤 구현에 강하다. 긴 보도자료 초안 작성

과 핵심 메시지 요약에 적합하다.

• **제미나이**(Google): 멀티모달 처리 능력으로 텍스트뿐 아니라 이미지, 오디오 등 다양한 데이터 분석이 가능해 기획 단계에서 탁월한 힘을 발휘한다. 구글 검색과 실시간 연동해 시의성 높은 주제 발굴에 유리하다.

• **클로드**(Anthropic): 긴 문맥을 정확히 파악하는 능력이 뛰어나 심층 인터뷰, 배경 자료 작성에 효과적이다(hblab, 2025).

가장 효과적인 AI 활용법은 하나의 모델에 의존하는 것이 아니라 각 모델의 강점을 조합하는 것이다. 예를 들어, 제미나이로 시장 트렌드와 키워드를 분석하여 기획을 시작하고, 클로드로 복잡한 배경 자료를 심층 분석한 뒤, GPT-4로 최종적인 보도자료 초안의 논리 구조와 톤앤 매너를 완성하는 방식으로 프로세스를 최적화할 수 있다.

이 밖에도 뉴스와이어, 아이위버, AI김기자, 뤼튼, 제네이프, 피알링크, 크몽 등 다양한 AI 기반 보도자료 작성 · 배포 서비스가 시장에 존재한다. 지금도 보도자료 제공 서비스 기업은 전 세계적으로 계속해서 생겨나고, 소리 없이 사라지기를 반복한다. 홍보 전문가는 단일 AI

모델 의존을 피하고, 각 도구의 강점을 조합해 시너지를 내는 전략적 도구 활용법을 익혀야 한다.

AI의 한계와 인간의 역할

AI는 마치 무한한 속도로 펼쳐지는 우주와 같이, 보도자료 작성의 속도와 생산성에서 압도적인 장점을 지닌다. 데이터 분석, 문법 오류 제거, 일관된 톤 앤 매너 유지 등에서 효율성을 극대화하며 인간의 손길 없이도 기계적 정확성을 발휘한다.

그러나 이러한 기계의 손길은 때로 차가운 메아리처럼 들릴 수 있다. AI는 맥락을 완전히 이해하지 못하며, 기업의 역사나 미묘한 내부 상황, 현재 사회가 요구하는 감정적 공감 등을 완벽히 담아낼 수 없다. 또한 비판적 시각이나 도덕적 판단, 윤리적 통찰력 역시 AI의 영역이 아니다. 이러한 한계는 마치 그림에서 색이 빠진 듯한 느낌을 주며, 인간의 역할이 더욱 부각되는 지점이 된다.

AI가 생산한 초안은 여전히 '기계가 쓴 글'에 불과하다. 이 글을 '기자가 보도할 가치가 있는 글'로 바꾸는 것이 홍보 전문가의 가장 중요한 역할이다. 이는 AI가 제시한 사실에 인간의 윤리적 필터와 전략적 맥락을 입히는 작업이다. 인간만이 '왜(Why)'라는 질문에 답하고, 보도자료의 결정적인 한 문장에 공감과 깊은 통찰을 심어 넣을 수 있다.

따라서 AI가 작성한 보도자료는 최종 배포 전 반드시 인간의 '휴먼 터치' 검토 과정을 거쳐야 한다. 이 '휴먼 터치' 과정은 다음과 같은 내용을 포함한다.

- **팩트와 출처의 최종 확인**: 모든 수치와 인용문의 진위 여부 검증.
- **톤 앤 매너 점검**: 기업의 공식적인 목소리와 사회적 상황에 적합한지 확인.
- **감성적 공감 요소 부여**: 독자가 공감할 수 있는 스토리 요소를 보강.
- **윤리 및 저작권 점검**: AI 생성 과정에서 발생하는 잠재적 위험 요소 제거.

이러한 체계적인 '휴먼 터치' 검토 과정은 AI가 초안을 작성한 보도자료의 품질과 신뢰를 보장하는 최후의 보루가 된다.

참고문헌

김갑봉(2025.2.19). "[기획] AI 저널리즘, 신뢰를 지키는 윤리 기준

필요”. 인천투데이.
https://www.incheontoday.com/news/articleView.html?idxno=263150

박수빈(2024.12.4). “뉴스룸에서 AI가 할 수 없는 것들”. 한국언론진흥재단.
https://www.kpf.or.kr/front/research/selfDetail.do?seq=598763&link_g_homepage=F

변수연(2025.5.7). “최신 AI, 더 똑똑해졌지만 더 틀린다? … ‘환각 현상’ 심해지는 이유[글로벌 왓]”. 서울경제.
https://www.sedaily.com/NewsView/2GSPF59V3E

엔씨소프트(2020.7.9). “AI는 기자의 일상을 어떻게 바꿨나”.
https://about.ncsoft.com/news/article/ai-journalism-200709

제주소통투데이(2025.9.5). “AI 기자의 신문기사 작성: 원리, 예시, 그리고 미래”.
https://www.jejusotong.today/news/articleView.html?idxno=39374

최승영(2024.1.9). “보고·보도자료 넣으면 AI가 기사 뚝딱? 언론사 속속 도입”. 한국기자협회.
http://www.journalist.or.kr/news/article.html?no=55009

hblab(2025.4.13). 챗GPT, Gemini, Claude 세 가지 생성형 AI 도구에 대한 철저한 비교.
https://hblabgroup.com/ko/chatgpt-gemini-claude-%EC%84%B8-%EA%B0%80%EC%A7%80-%EC%83%9D%EC%84%B1%ED%98%95-ai-%EB%8F%84%EA%B5%AC%EC%97%90-%EB%8C%80%ED%95%9C-%EC%B2%A0%EC%A0%80%ED%95%9C-%EB%B9%84%EA%B5%90/

03
알고리즘이 고른 뉴스

"왜 내가 본 뉴스는 늘 비슷한 이야기만 담고 있을까?" 혹은 "내가 작성한 보도자료, 정말 누군가의 피드에 도달할까?"
이 질문들은 단순한 의문이 아니다. 미디어의 권력이 과거 언론사 내부의 편집국장에게 있었던 시절이 있었다면, 이제 그 권력은 보이지 않는 알고리즘, 데이터의 손에 넘어가 버렸다. 생성형 AI 시대의 보도자료는 그저 '잘 쓰는 것'을 넘어서야 한다. 데이터와 알고리즘 중심의 전략으로 재설계되지 않으면, 그 메시지는 파도처럼 스쳐 지나가 버릴 것이다.

인공지능과 편향?

과거 언론사 편집국장이 최종 보도를 결정하던 권력은 이제 검색 엔진과 소셜 미디어 알고리즘으로 이동했다. 홍보 전문가는 이 비가시적 게이트키퍼들의 작동 원리를 꿰뚫어야만 한다. AI 기반 데이터 분석을 무기로 삼고, 보도자료 기획과 배포 전략을 재구성해야 한다. 보도자료는 더 이상 독자를 향한 글만이 아니다. 알고리즘에 최적화된 데이터 구조로 거듭나야 한다.

알고리즘 게이트키퍼의 작동 원리와 대응

편집국장에서 알고리즘으로

뉴스 생산 및 확산 과정에서 정보의 흐름을 통제하고 선별하는 역할을 게이트키퍼라고 한다. 과거에는 언론사 편집장이나 데스킹 기자단이 그 역할을 수행하며 언론의 기준과 가치에 따라 뉴스를 취사선택했다. 그러나 디지털 플랫폼의 발달로 뉴스의 주된 소비 통로가 포털 사이트, 유튜브, SNS 피드로 옮겨가면서 이 권력은 알고리즘으로 이동했다. 알고리즘은 인간의 편집 의도가 아닌 데이터 분석을 기반으로 뉴스의 노출과 확산 여부를 결정하는 실질적인 심사자가 됐다.

알고리즘은 클릭률, 체류 시간, 공유 및 댓글 수와 같은 사용자 참여 데이터를 기반으로 뉴스 가치를 판단하며 개인의 피드에 노출 순위를 결정한다(오다슬, 2024). 이때 알고리즘은 기존 저널리즘이 중요시했던 시의성, 지역성, 희소성 등의 가치를 데이터 지표로 치환하여 분석한다. 예를 들어, '시의성'은 '실시간 트렌드 및 검색량 급증' 데이터로, '희소성'은 '유사 콘텐츠와의 차별성 지수'로 측정된다. 홍보 전문가는 이러한 권력 이동을 인정하고, 보도자료 기획 단계부터 '알고리즘이 선호하는 데이터적 요소'를 전략적으로 포함해야 한다.

SEO를 넘어 AEO로

검색 엔진 최적화(Search Engine Optimization, SEO)는 보도자료의 디지털 생명력을 결정하는 핵심 요소다(PR뉴스, 2025). 기사화된 보도자료가 검색 결과 상위에 노출될 때 그 파급력은 극대화된다. AI 시대에는 단순한 SEO를 넘어 AI 답변 엔진 최적화(Answer Engine Optimization, AEO)가 보도자료 전략의 새로운 기준이 된다. AEO는 거대 언어 모델 기반의 챗봇이나 음성 검색 AI가 질문에 대한 직접적인 답변을 생성할 때 보도자료의 내용이 인용되도록 최적화하는 전략이다. AEO 관점에서 보도자료가 갖춰야 할 조건은 다음과 같다.

- **핵심 키워드의 전략적 배치**: 보도자료 제목과 리드에 독자들이 실제로 검색할 만한 핵심 키워드를 명확하게 포함해야 한다.
- **명확한 구조화**: AI와 검색 봇(Bot)이 내용을 쉽게 파악하도록 소제목, 볼드체 처리 등을 활용해 정보의 위계를 명확히 하고, 특히 요약 정보를 명확한 문장으로 제시하여 AI가 답변의 '출처'로 쉽게 사용할 수 있도록 해야 한다.
- **정보의 허브 역할**: 검색 엔진은 깊이 있는 정보를 선호하므로, 보도자료가 충분한 배경 정보와 데이터를 포함하여 '정보의 허브' 역할을 수행하도록 설계되어야 한다.

소셜 미디어 알고리즘 메커니즘

페이스북, X(구 트위터), 인스타그램 등 소셜 미디어 플랫폼의 알고리즘은 공유와 확산을 최우선 가치로 둔다(조라희, 2020). 소셜 미디어 환경에서 보도자료의 확산을 유도하려면 다음과 같은 요소를 기획해야 한다.

- **감정적 공명**: AI를 활용하여 기사 내에 인간적인 스토리나 독자의 감정을 움직이는 요소를 포함시켜 공유 욕구를 자극해야 한다.
- **시각적 요소의 적합성**: 소셜 미디어는 이미지와 영상을

선호하므로, 보도자료에 고화질의 대표 이미지나 카드뉴스용 요약 자료 링크를 첨부하여 '공유하기 좋은 형태'로 제공해야 한다.

• **명확한 논쟁점 또는 질문 제시**: 댓글과 토론을 유도할 수 있는 논점을 포함함으로써 사용자 참여 데이터를 높이는 것이 중요하다.

독자 개인 피드까지 도달하는 '최적화 보도자료'란?

궁극적으로 최적화된 보도자료는 언론사의 웹사이트를 넘어 독자 개개인의 피드에 도달하는 것이다(뉴스와이어, 2025). 이는 보도자료가 '원본' 자체로서의 기능을 넘어 각 플랫폼의 성격에 맞춰 '변환되고 적응할 수 있는 유연성'을 가져야 함을 의미한다. 최적화된 보도자료는 명확한 사실 기반이며, 핵심 키워드를 포함하고, 흥미로운 비주얼 요소를 포함하며, 각 플랫폼에 맞는 공유 형식을 미리 염두에 두고 작성된다. 홍보 전문가는 AI를 활용하여 동일한 보도자료의 핵심 메시지를 트위터용 짧은 문구, 블로그용 상세 설명, 유튜브 쇼츠용 스크립트 등 다양한 포맷으로 자동 변환하는 멀티 채널 전략을 구사해야 한다.

AI를 통한 여론 동향 및 키워드 분석

AI는 방대한 소셜 미디어, 블로그, 포털 뉴스 데이터를 실시간으로 수집 및 분석하여 현재 대중이 가장 관심을 갖는 이슈(화두)를 파악하는 데 탁월하다(이파트닷컴, 2024). 홍보 전문가는 AI 분석 툴을 활용하여 여론 동향과 잠재적 키워드를 파악하고, 이를 보도자료 기획에 선제적으로 반영해야 한다. AI가 제시하는 '지금 뜨는 뉴스'는 기업의 활동과 연관된 이슈의 '적절한 타이밍'을 포착하는 데 결정적인 역할을 한다. 이를 통해 기업은 자사의 보도자료가 사회적 관심사와 맞물릴 수 있는 최적의 지점을 찾을 수 있다.

경쟁사와 시장 트렌드 데이터 분석

보도자료 기획의 핵심은 차별화다. AI는 경쟁사의 과거 보도 내용, 발표 자료, 소셜 미디어 반응 등을 종합적으로 분석하여 경쟁사가 강조하는 포인트와 시장이 아직 주목하지 못한 틈새를 빠르고 정확하게 찾아낸다. 홍보 전문가는 AI에게 "경쟁사 A가 지난 3개월간 가장 많이 사용한 키워드 5개와 그들이 놓친 새로운 트렌드 2개를 분석하라"와 같은 구체적인 프롬프트를 제시함으로써 자사 보도자료의 주제를 '이미 보도된 내용'이 아닌 '새로운 뉴스 가치'를 중심으로 설정할 수 있다.

과거 보도 성과 데이터 활용

과거의 보도 성과 데이터는 미래 전략을 위한 귀중한 학습 자원이다. AI는 특정 주제, 제목 형식, 인용문의 길이, 배포 시간 등이 실제 기사화율과 독자의 참여도에 미친 영향을 정량적으로 분석할 수 있다. 이러한 성공 사례의 패턴을 AI로 역추적함으로써 홍보 전문가는 '우리 회사와 우리 미디어가 가장 선호하는 보도자료의 공식'을 확립할 수 있다.

독자의 관심사 예측을 통한 보도자료 내용 최적화

데이터 기반 타기팅은 보도자료의 효용성을 극대화한다. AI는 잠재적 독자(일반 소비자) 개개인의 관심사, 과거 검색 기록, 소셜 미디어 활동 등을 분석하여 독자 그룹을 식별한다. 이를 통해 홍보 전문가는 보도자료의 내용과 톤 앤 매너, 배포 채널을 독자의 관심사에 맞춰 세밀하게 조정할 수 있다. 예를 들어, 보도자료의 핵심 수치를 '기술적 상세 내용' 대신 '실제 고객 혜택' 중심으로 재구성하도록 AI에 명령하여 잠재 독자의 공감을 얻는 데 집중할 수 있다.

보도자료 배포 전략

언론사와 기자 분류 자동화

AI는 방대한 언론사 및 기자 데이터를 기반으로 보도자료 주제와의 연관성을 자동 측정한다. AI 타기팅 시스템은 보도자료 내용(키워드, 주제, 산업군)을 분석하고, 해당 주제를 가장 많이, 그리고 긍정적으로 보도했던 최적의 매체와 기자 목록을 신속하게 분류한다. 이러한 분류 자동화는 홍보팀의 수고를 덜 뿐 아니라, 미스 타기팅으로 인한 비효율을 최소화한다.

AI 모델 기반의 개인화된 배포 메시지 작성

기자에게 보내는 배포 메시지는 보도자료 본문만큼이나 중요하다. AI는 타깃 기자의 과거 기사를 분석하여 기자가 선호하는 문체, 자주 사용하는 용어, 기사의 길이 등을 파악할 수 있다. 홍보 전문가는 AI에게 이러한 분석 결과를 기반으로 기자 개인 맞춤형의 피치 초안을 작성하도록 명령해야 한다. 개인화된 피치는 구체적인 연결고리를 제시함으로써 기자의 관심을 단숨에 사로잡는 효과를 발휘한다.

보도자료 확산 위한 멀티 포맷 전략

디지털 환경에서는 단일 포맷의 보도자료만으로는 확산에 한계가 있다. AI는 텍스트 기반의 보도자료를 데이터 기반으로 분석하여 최적의 멀티 포맷으로 신속하게 변환한다. AI는 보도자료의 핵심 수치를 추출하여 인포그래픽 제작에 필요한 데이터 구조를 설계하거나 복잡한 내용을 요약하여 카드뉴스에 적합한 텍스트 블록으로 변환한다.

위기 상황 속 보도자료의 전략적 배포

위기 상황에서는 배포 타이밍이 곧 성패를 좌우한다. AI는 부정적 여론의 확산 속도, 피크 시간, 주요 확산 채널 등을 실시간으로 분석한다. 이를 통해 홍보 전문가는 언제, 어느 채널을 통해 보도자료를 배포해야 부정적인 영향력을 최소화하고 공식적인 사실을 효과적으로 전달할 수 있을지 전략적인 타이밍을 결정할 수 있다. AI의 분석은 감정적 대응이 아닌 데이터 기반의 냉철한 위기관리 대응을 가능하게 한다(김경탁, 2024).

데이터와 AI를 통한 보도자료 신뢰 구축

데이터 인용 시 출처 및 신뢰성 검토

보도자료에 인용되는 모든 데이터와 통계는 신뢰도의 핵심이다. AI는 방대한 데이터베이스를 바탕으로 데이터의 출처, 발표 시점, 산출 방식의 객관성 등을 빠르게 검토하여 잠재적인 신뢰도 문제를 사전 점검할 수 있다. AI에게 보도자료 초안을 검토하도록 명령할 때 '모든 수치에 대해 공식 출처가 명시되었는지 확인하고, 내부 자료일 경우 그 근거를 명확히 할 것'을 요구해야 한다. 이는 AI의 블랙박스 문제로 인한 환각 현상이 보도자료의 신뢰를 훼손하는 것을 막는 기본적인 방어신이다.

알고리즘과 저널리즘 원칙

알고리즘이 클릭과 공유를 유도하는 자극적인 요소를 선호할지라도, 보도자료는 저널리즘의 기본 원칙인 객관성, 공정성, 정확성을 훼손해서는 안 된다. 홍보 전문가는 이 둘 사이의 균형점을 찾아야 한다. 균형점은 '클릭을 위한 자극'이 아닌 '정보 가치를 높이는 효율적인 포장'에 있다. 제목과 리드에 AEO 키워드와 흥미 요소를 포함하되 내용 자체는 팩트와 맥락에 충실해야 한다.

디지털 환경에서 보도자료 원본성 유지 전략

디지털 환경에서 보도자료는 끊임없이 복사되고, 재가공되며, 훼손될 위험이 크다. 원본성이 훼손될 경우 가짜뉴스의 빌미를 제공하거나 기업의 공식 입장이 왜곡될 수 있다. 보도자료의 원본성을 유지하기 위해서는 배포 시점, 최종 승인자, 모든 데이터의 출처를 명확히 명시하는 것이 중요하다.

나아가 미래에는 보도자료의 텍스트와 핵심 데이터에 블록체인 타임스탬프 또는 NFT(Non-Fungible Token) 기술을 적용해 '최초 생성 시점과 내용의 불변성'을 기술적으로 보증하는 방안이 논의될 것이다. 공식 웹사이트나 뉴스룸 페이지에 원본 보도자료 링크를 제공하여 독자들이 쉽게 원본을 대조할 수 있도록 해야 한다. 데이터와 AI를 활용하되 진실의 출처는 인간이 보장한다는 원칙을 고수해야 한다.

인간 중심주의

제3장에서 우리는 알고리즘이 뉴스 게이트키퍼로 떠오르는 현실을 살피고 보도자료가 알고리즘에 최적화된 구조로 재설계되어야 함을 보았다. 또한 AI 기반 데이터 분석을 통해 주제 발굴과 배포 전략을 정교하게 다듬을

수 있음을 확인했다.

그러나 알고리즘 중심 전략은 도구일 뿐이다. 클릭을 얻기 위한 자극보다 정보를 담보하는 신뢰가 먼저다. 기술이 발전할수록 홍보 전문가는 알고리즘의 흐름을 읽되, 그 맨 앞에 인간의 기준과 윤리를 세워야 한다.

앞으로 AI와 알고리즘이 더 정교해질수록 우리는 묻지 않을 수 없다.

> 내 보도자료는 알고리즘에게만 선택받는가, 아니면 사람의 공감과 신뢰까지 얻을 수 있는가?

참고문헌

김경탁(2024.5.29). "재난 대책 홍보자료, AI로 만든 쪽이 만족도 높았다". 더피알. https://www.the-pr.co.kr/news/articleView.html?idxno=51468

뉴스와이어(2025.6.2). "AI 시대의 보도자료 전략 '답변엔진최적화(AEO)'". https://blog.newswire.co.kr/?p=17431

오다슬(2024.4.10). "뉴스 추천 알고리즘… 이용자의 인식이 중요하다". 반론보도닷컴. https://www.banronbodo.com/news/articleView.html?idxno=22732

이파트닷컴(2024). "트렌드 모니터링을 혁신하는 AI 기반 소셜

미디어 플랫폼: 실시간 데이터 분석으로 시장 선도와 경쟁 우위를 확보하는 전략".
https://epart.com/%ED%8A%B8%EB%A0%8C%EB%93%9C-%EB%AA%A8%EB%8B%88%ED%84%B0%EB%A7%81%EC%9D%84-%ED%98%81%EC%8B%A0%ED%95%98%EB%8A%94-ai-%EA%B8%B0%EB%B0%98-%EC%86%8C%EC%85%9C-%EB%AF%B8%EB%94%94%EC%96%B4-%ED%94%8C%EB%9E%AB/

조라희(2020.12.4). "똑똑하게 SNS 하려면? … 알고리즘의 원리부터 이해하자!". 시빅뉴스.
https://www.civicnews.com/news/articleView.html?idxno=30392

PR뉴스(2025.6.10). "SEO 홍보와 홍보에 중요한 이유".
https://prnews.io/ko/blog/seo-public-relations.html

04
속도 전쟁

"내가 쓴 보도자료, 정보의 홍수 속에 묻히지는 않을까?" 정보가 물처럼 흐르는 시대다. 누가 먼저, 가장 정확하게 전달하느냐가 뉴스 가치를 가른다. 소셜 미디어와 알고리즘의 발달로 정보의 생산과 확산 주기는 획기적으로 짧아졌다. 생성형 AI는 이 속도 경쟁에서 홍보 전문가에게 가장 강력한 무기를 제공한다. AI는 자료 조사, 초안 작성, 반복 수정 등의 시간을 극단적으로 단축한다. 그러나 속도에만 집중하면 품질과 신뢰를 잃을 위험이 있다.

청각장애인과 AI?

AI 활용 신속 생산 시스템 구축

보도자료 파이프라인 구축

보도자료를 둘러싼 커뮤니케이션 환경은 '정보를 누가 먼저, 그리고 가장 정확하게 전달하는가'의 싸움, 즉 '속도 전쟁'이 되면서, 보도자료의 타이밍은 뉴스 가치에 결정적인 영향을 미치게 되었다.

AI 시대의 홍보 전문가에게 필요한 것은 일회적인 AI 활용이 아닌 자동화된 보도자료 파이프라인 구축이다. 이 파이프라인은 기획, 초안 생성, 1차 교정 단계까지의 프로세스를 AI가 주도하고, 인간은 '최종 승인 및 전략적 수정'에만 개입하는 시스템이다.

예를 들어, 기업의 월별 데이터를 AI에 정기적으로 입력하여 보고서를 자동 추출하고(기획), 이를 기반으로 보도자료 초안을 생성한 뒤(초안 생성), 기업의 공식 용어집을 참조하여 1차 오류를 자체적으로 수정하도록(1차 교정) 시스템을 구축하는 것이다.

이러한 자동화는 홍보 업무의 생산성 병목 현상을 해소하고, 보도자료의 시의성을 획기적으로 높인다. 경기도청 등 실제 공공기관은 AI 모델을 도입해 보도자료 작성 절차를 간소화하고 10분 만에 초안을 생성하는 등 업무 효율성 및 작성 속도 개선 효과를 보고 있다(경기도뉴스포털, 2024).

AI 비상 체제 가동

AI는 위기 상황이나 긴급 속보가 필요한 상황에서 특히 강력한 성능을 발휘한다. 대규모 사건 사고 발생, 예상치 못한 금융 공시 등 긴급 보도 상황에서는 단 10분 내에 공식적인 입장과 핵심 사실을 담은 초안을 완성해야 한다. AI 비상 체제는 사전 정의된 위기관리 매뉴얼 및 사실 목록을 AI에 입력하고, '공식 입장 발표 형식'의 보도자료를 즉시 생성하도록 명령한다. AI는 감정적인 표현을 배제하고 팩트 중심의 역피라미드 구조를 준수하여 인간이 감정적으로 동요하거나 시간을 허비할 여유 없이 냉철하고 신속한 대응을 가능하게 한다. 이 시스템은 홍보 전문가가 '최종 승인 및 배포'에만 집중할 수 있도록 지원한다.

'타임 투 마켓' 최소화

신제품 출시나 주요 이벤트 발표와 같은 '타임 투 마켓(Time to Market)'이 중요한 상황에서 보도자료의 신속한 배포는 시장 선점의 열쇠가 된다. 경쟁사보다 단 몇

시간이라도 먼저 시장의 주목을 끌어야 한다. AI는 제품의 기술 문서, 사양표 등을 입력받아 다양한 버전의 보도자료 초안을 동시에 생성함으로써 시간을 단축한다. 예를 들어, '기술 전문 매체용 버전'과 '일반 소비자 라이프스타일 매체용 버전' 등을 동시에 생성하여 내부 검토 시간을 최소화하고, 배포 시점에 맞춰 준비된 자료를 즉시 발송할 수 있도록 한다. 이는 보도자료 생산 과정을 제품 개발 프로세스와 동기화하여 시장 출시 속도를 지원하는 전략이다.

템플릿의 AI 최적화

보도자료의 유형(인사, 실적 발표, 신제품 출시 등)별로 최적화된 AI 프롬프트 라이브러리를 구축하는 것은 속도 극대화의 핵심이다. 이는 단순한 템플릿을 넘어 '가장 효과적인 보도자료'를 생성하기 위한 '맞춤형 AI 명령어 세트'를 의미한다. 각 유형별 라이브러리에는 필수 포함 키워드, 피해야 할 클리셰 목록, 선호하는 인용문 길이 등의 제약 조건이 명시된다. 홍보 전문가는 새로운 보도자료가 필요할 때 해당 라이브러리의 프롬프트를 불러와 핵심 데이터만 입력하면 AI는 즉시 최적화된 형식과 내용의 초안을 생성한다.

AI를 활용한 전략적 기획 과정의 최적화

시장 동향 및 산업 보고서 요약

전략적 보도자료 기획은 방대한 정보의 분석에서 시작된다. AI는 이 과정을 획기적으로 단축시킨다. 대규모 언어 모델에 수십, 수백 페이지에 달하는 산업 보고서를 입력하고 "이 보고서에서 우리 기업의 신제품 발표와 관련하여 가장 시의성 높은 핵심 트렌드 3가지와 반드시 인용해야 할 데이터 5가지를 요약하라"고 명령할 수 있다. AI는 이 정보를 수분 내에 압축하고, 홍보 전문가의 전략적 판단에 필요한 핵심 재료를 신속하게 제공한다.

경쟁사 보도자료 비교 분석

경쟁사 보도자료를 분석하는 것은 시장 내 자사의 차별화 포인트를 찾기 위한 필수 과정이다. AI는 경쟁사의 과거 보도자료 수백 건을 분석하여 그들이 주로 강조하는 뉴스 가치 포인트, 핵심 키워드, 주력 타깃 미디어 등의 패턴을 역추적할 수 있다. 홍보 전문가는 AI에게 "경쟁사 B가 지난 분기에 발표한 보도자료 10건 중, 가장 높은 보도율을 기록한 3건의 공통된 제목 특징과 그들이 언급하지 않은 미개척 시장을 분석하라"와 같은 명령을 내릴 수 있다. 이 분석을 통해 경쟁사와 중복되는 주제를 피하고, 새롭고 선점 가능한 뉴스 가치를 도출할 수 있다.

잠재적 이슈 및 리스크 사전 점검

성공적인 보도자료는 긍정적인 메시지뿐 아니라, 잠재적인 부정적 질문에도 대비한다. AI는 보도자료의 핵심 내용과 관련된 과거의 위기 사례, 대중의 부정적 여론 동향 등을 분석하여 기자나 독자가 던질 수 있는 예상 질문 리스트를 자동으로 생성한다. 예를 들어, "이 신기술의 환경 유해성에 대해 소비자가 제기할 수 있는 가장 부정적인 질문 5가지를 생성하고, 각 질문에 대한 객관적 답변의 초안을 작성하라"고 명령할 수 있다. 이는 보도자료 배포 전 리스크 요소를 사전 점검하는 방어적 전략에 필수적이다.

전략적 기획 프롬프트 공식

AI에게 명확하고 전략적인 초안을 얻기 위해서는 입력하는 프롬프트 역시 구조화되어야 한다. 단순한 '보도자료를 써 달라'는 명령 대신, 다음 다섯 가지 핵심 요소를 포함하는 전략적 기획 프롬프트 공식을 사용해야 한다.

- **목표**(Goal): 이 보도자료로 궁극적으로 달성하려는 홍보 목표.
- **배경**(Background): 이 뉴스가 나오게 된 시장 및 사회적 맥락.
- **핵심 내용**(Core Content): 반드시 포함해야 할 3대 팩트와 공식 인용문.
- **기대 효과**(Expected Effect): 이 뉴스가 독자와 언론에 미칠 것으로 예상되는 영향.
- **스타일/제약 조건**(Constraints): 글자 수, AEO를 위한 요약 형식, 금지된 표현 등 AI의 출력 방식을 제어하는 구체적인 조건.

이 공식은 AI가 맥락적 깊이와 전략적 의도를 이해하고 초안을 생성하도록 유도하며, 특히 5번 요소는 AI의 무분별한 정보 생성을 제어하는 핵심적인 통제 기술이다.

속도와 정확성의 균형

AI 검증 시스템 구축

AI가 빠르게 생성한 초안은 정확성이라는 품질의 첫 번째 관문을 통과해야 한다. 속도를 확보하는 동시에 품질을 유지하기 위해 AI 검증 자동화 시스템 구축이 필요하다. 이 시스템은 필수 팩트 체크리스트를 통해 보도자료의 생명줄이 되는 핵심 정보를 검증한다.

- **숫자 정확성**: 발표된 수치(매출액, 점유율 등)가 내부 공식 자료와 일치하는가?
- **이름 및 직책**: 인용되는 인물의 이름, 직책, 회사명이 정확한가?
- **날짜 및 장소**: 이벤트 날짜, 시간, 장소가 올바르게 명시되었는가?

이와 더불어 기업이나 기관은 자체적인 '공시 용어 및 통계 수치 DB'를 구축하고, AI가 초안을 생성할 때 이 DB를 참조하도록 명령해야 한다.

AI는 이 DB를 기반으로 초안 내의 비공식적인 용어와 표현을 자동으로 교정하여 내용의 일관성과 공식 문서로서의 격식을 유지하도록 돕는다. 홍보 전문가는 AI에게 이 체크리스트와 DB를 입력하여 초안을 검토하도록 요청한 후, 최종적으로 인간이 확인하는 시스템을 구축해야 한다.

AI '재작성' 루틴

AI가 생성한 초안의 품질이 미흡할 경우, 처음부터 다시 쓰는 것은 속도의 이점을 상실하는 행위다. 대신 '재작성 루틴'을 통해 즉각적으로 품질을 개선해야 한다. 이는 '수정 프롬프트'를 사용하여 AI를 반복적으로 학습시키는 과정이다.

[수정 프롬프트 예시]

"현재 초안은 너무 딱딱하고 감정이 결여되어 있다. 이 초안에 '도전 정신'과 '성공을 향한 열정'이 느껴지도록 톤 앤 매너를 변경하고, 핵심 문장을 20% 줄여라."

이러한 수정 프롬프트는 AI에게 문제점과 원하는 방향을 명확히 제시함으로써 홍보 전문가가 원하는 수준의 결과물을 빠르게 도출하도록 유도하는 핵심 노하우다.

속도에 갇히지 않기

AI를 통한 속도 극대화의 궁극적인 목표는 'AI가 놓친 인간적인 통찰'을 더할 시간을 확보하는 것이다. 기계적인 속도에 매몰되어 최종적인 인간의 판단 시간을 놓치는 것은 가장 치명적인 오류다. 홍보 전문가는 AI가 50%의 작업을 수행함으로써 절약한 시간을 '전략적 데스킹'에 할애해야 한다. 이 시간에는 AI가 놓친 사회적 맥락을 추가하고, 윤리적 위험을 최종 점검하며, 기자나 독자에게 공감을 일으킬 수 있는 결정적인 스토리를 보강하는 작업이 이루어진다(박수빈, 2025). AI의 속도는 '효율'을 위한 것이며, 인간의 통찰력은 '가치'를 위한 것임을 잊어서는 안 된다.

프롬프트 엔지니어링: 속도와 품질을 동시에 확보하는 기술

명령어의 구체성

AI에게 '좋은 글'을 요구하는 것은 모호한 명령이다. AI는 '좋다'는 개념을 통계적으로 이해하므로, 뻔하고 일반적인 문장만을 생성할 가능성이 높다. 홍보 전문가는 '특정 기자가 보도할 만한 글'을 요구하는 구체적인 명령어를 제시해야 한다.

[구체적 요구 예시]

"타깃 독자는 30대 IT 전문지 기자이며, 삼성전자처럼 공식적이고 간결한 톤 앤 매너로 작성하되, 기자가 쉽게 제목을 정할 수 있도록 리드에 결정적인 한 문장을 넣어라."

이러한 구체성은 AI가 전략적 목표를 인지하고 결과물을 도출하도록 강제한다.

페르소나 지정

프롬프트 엔지니어링의 핵심 기술 중 하나는 AI에게 '페르소나', 즉 역할을 부여하는 것이다. AI는 부여된 역할에 따라 글의 톤 앤 매너와 관점을 바꾼다.

- **작성자 역할**: "당신은 20년 경력의 베테랑 통신사 기자다. 객관적인 관점에서 이 자료를 보도하라."
- **화자 역할**: "당신은 이 분야의 세계적 권위자다. 대중이 이해하기 쉬운 비유를 사용해 인용문을 작성하라."

페르소나 지정은 AI가 맥락적 깊이와 목적에 맞는 관점을 확보하도록 돕는다.

제약 조건 설정

AI의 무분별한 정보 생성을 제어하고 원하는 형식의 결과물을 얻기 위해서는 제약 조건을 명확히 설정해야 한다. 제약 조건은 AI의 창의성을 억압하는 것이 아니라 효율과 일관성을 위한 울타리를 제공한다.

[**제약 조건 예시**]

- **분량**: "총 분량은 800자 이내로 제한하고, 리드는 3문장을 넘지 않아야 한다."
- **키워드**: "'친환경', '탄소 중립', '미래 세대' 세 단어를 반드시 포함하고 '획기적인'이라는 형용사는 절대 사용하지 말 것."

이러한 조건은 AI가 최종 배포될 보도자료 형식에 가장 근접한 초안을 생성하도록 보장한다.

반복 학습 및 수정 프롬프트 사용법

단 한 번의 프롬프트 입력으로 완벽한 보도자료를 얻는 것은 불가능하다. 원하는 아웃풋을 얻기 위한 과정은 반복적인 수정 프롬프트를 통한 '대화와 학습' 과정이다. AI의 초안을 바탕으로 문제점을 진단하고, 그 문제점을 해결하기 위한 구체적인 명령을 추가하여 품질을 점진적으로 향상시켜야 한다. 이 수정 프롬프트 사용법을 숙달하는 것이 곧 AI 시대의 프롬프트 엔지니어링 핵심 노하우이며 홍보 전문가가 속도와 품질을 동시에 확보하는 지름길이다.

속도를 넘어서는 전략

AI는 보도자료 생산의 '속도'를 혁신했지만 진정한 경쟁력은 여전히 '의도와 맥락을 설계하는 인간의 속도'에 있다. 앞으로의 홍보는 "누가 더 빨리 쓰는가"가 아니라 "누가 더 정확하게, 더 의미 있게 말하는가"의 경쟁으로 이동할 것이다.

생성형 AI는 단순히 빠른 글을 만드는 도구가 아니라 전략적 사고의 시간을 되찾아주는 조력자다. 속도는 목표가 아니라 수단이며, 품질과 신뢰를 위한 시간의 재분배 전략이야말로 AI 시대 홍보의 핵심이다.

참고문헌

경기도뉴스포털(2024.9.20). "경기도, 맞춤형 AI로 보도자료 작성 지원… 10분 만에 뚝딱".
https://gnews.gg.go.kr/briefing/brief_gongbo_view.do?BS_CODE=s017&number=63134

박수빈(2025.1.20). "워크데이 "AI 시대에 공감·윤리적 판단 등 인간적 스킬 더 중요해질 것"". AI타임스.
https://www.aitimes.com/news/articleView.html?idxno=167284

05
카피·클리셰·클릭

보도자료의 성공은 AI가 내놓은 '뻔한 문장'을 얼마나 능숙하게 피하느냐에 달려 있다. AI는 학습된 데이터의 통계적 확률에 따라 안전하고 무난한 표현을 선호한다. 하지만 홍보 전문가는 이 '통계적 안전성'이 곧 '뉴스 가치의 소멸'로 이어질 수 있다는 사실을 잊어서는 안 된다. AI가 만든 초안을 '진부한 문서'에서 '클릭하고 싶은 뉴스 카피'로 변신시키는 프롬프트 엔지니어링 기술과 클리셰를 넘어 사람의 눈과 마음을 사로잡는 문장을 만드는 인간의 전략적 교정 노하우를 제시한다.

AI 콘텐츠 크리에이터?

클리셰는 실패한 보도자료

클리셰의 정의와 위험성

클리셰(Cliche)는 너무 자주 사용되어 독창성을 잃고 진부해진 표현이다. 보도자료에서 흔히 발견되는 '업계 최초', '획기적인 기술', '성공적으로 개최'와 같은 관습적 수식어가 대표적이다. 클리셰는 언론인에게 '뉴스 가치 부재'의 신호탄이다. 기자는 뻔한 표현을 발견하면 그 자료를 '읽을 가치가 없는 정보'로 판단하고 다음 자료로 넘어간다. 클리셰는 핵심 메시지의 진정성과 사실의 객관성을 훼손하여 독자를 외면하게 만드는 가장 치명적인 독소다.

AI가 만들어 내는 클리셰 유형 분석

AI는 방대한 학습 데이터 내에서 가장 높은 빈도로 사용된 패턴을 따라 글을 생성하기 때문에 클리셰를 양산하는 경향이 있다. 홍보 전문가는 AI가 자주 생성하는 위험한 클리셰 유형을 미리 파악하고 경계해야 한다.

- **과장형 클리셰**: '획기적인', '최대 규모', '세계 최고 수준'. (실제 증거 없이 주관적 평가만 강조)

- **성공형 클리셰**: '성공적으로 개최', '순조롭게 마무리', '성황리에 막을 내리다'.(이미 지난 일에 대한 뻔한 결론만 제시)
- **미래형 클리셰**: '선도적인 역할 수행', '미래를 향한 도약', '새로운 지평을 열다'.(추상적이고 구체성이 결여된 희망적 문구)

이러한 표현들은 객관성을 생명으로 하는 저널리즘 원칙에 부합하지 않는다.

'클릭'을 넘어 '보도'를 유도하는 카피의 힘

디지털 환경에서 제목은 '클릭률(CTR)'을 높여야 한다는 강박에 시달린다. 그러나 보도자료의 제목은 단순히 호기심을 자극하는 낚시성 제목을 넘어 '보도'를 유도하는 뉴스 카피여야 한다(뉴스와이어, 2025). 낚시성 제목은 정보의 핵심을 숨기지만, 보도 유도형 카피는 가장 중요한 사실을 명확하게 드러내어 기자에게 '왜 이 뉴스를 보도해야 하는가'에 대한 명확한 답을 제공해야 한다. AI에게 제목 생성을 명령할 때 클릭 유도 문구 대신 5W1H 중 가장 결정적인 한 가지를 명시하도록 제약 조건을 설정해야 한다. 클리셰를 제거하고 팩트만 남기는 '담백함'이야말로 뉴스 가치를 증폭시키는 가장 강력한 카피 전략이다.

'담백하고 명확한 문장'의 기준 재정립

클리셰의 홍수 속에서 AI 시대의 보도자료가 추구해야 할 문장의 미덕은 '담백하고 명확한 문장'이다. 이는 군더더기 없이 사실만을 전달하며 문장의 해석이 이중적이지 않은 상태를 의미한다. 언론 보도에 최적화된 문장의 기준은 '기사 가독성'에 있다. 보도자료는 주어와 서술어가 명확하고, 한 문장에 하나의 정보만을 담는 간결함이 요구된다. 홍보 전문가는 AI에게 '객관적인 기자의 시각으로 문장을 최대한 압축하고 불필요한 수식어를 제거하라'고 명령함으로써 이 기준을 재정립해야 한다.

AI의 한계 극복

반복 금지 명령: 이미 사용된 클리셰 목록을 AI에 제시하고 사용을 금지시키는 프롬프트

AI가 클리셰를 생성하는 것을 막는 가장 확실한 방법은 '이 표현을 사용하지 말라'고 명시적으로 명령하는 '부정 제약'을 활용하는 것이다. 홍보팀은 자주 사용하거나 이미 식상해진 클리셰 목록을 DB화하고, 초안 생성 프롬프트에 이를 포함해야 한다.

[반복 금지 프롬프트 예시]

"이 보도자료를 작성할 때 '획기적인', '업계 최초', '새로운 지평', '성공적인' 네 단어는 어떤 변형된 형태로든 사용을 절대 금한다. 만약 사용된다면 결과물을 무효 처리한다."

이러한 '반복 금지 명령'은 AI가 통계적 확률이 아닌 창의적인 대체 표현을 찾도록 강제하여 클리셰의 함정을 회피하도록 돕는다.

타깃 독자 지정: '일반 대중'이 아닌 '특정 산업 분야 전문 기자'의 시각을 요구하는 프롬프트

AI가 뻔한 문장을 생성하는 또 다른 이유는 막연한 대중을 대상으로 글을 쓰기 때문이다. 타깃 독자를 '일반 대중'이 아닌 '특정 산업 분야의 전문 기자'로 구체적으로 지정하는 것만으로도 문장의 전문성과 깊이가 달라진다.

[타깃 독자 지정 프롬프트 예시]

"당신은 IT 전문지 '테크 인사이트'의 10년 차 기자이며, 독자는 고도로 숙련된 기술 전문가들이다. 따라서 전문 용어의 정확성에 집중하고, 기술적 우위를 입증할 수 있는 구체적인 벤치마크 데이터 중심으로 작성하라. 감성적인 표현은 일절 배제하라."

이 명령은 AI에게 높은 수준의 전문성을 요구하여 취재 가치가 높은 심층 정보를 제공하도록 유도한다.

유사성 검토: 기존 보도자료와의 유사성을 분석하여 독창성을 검토하는 AI 활용

AI는 자사가 과거에 배포했던 보도자료나 경쟁사 자료와 '유사성'을 분석하여 독창성을 검토하는 도구로 활용될 수 있다. AI에게 최근 3개월간의 자사 보도자료 DB를 제공하고, 생성된 초안을 분석하여 "기존 보도자료와 70% 이상 유사한 문단이나 아이디어를 찾아내고, 이 부분을 창의적인 문장으로 3가지 버전으로 재작성하라"고 명령할 수 있다. 이 과정은 내부적 자기 표절을 방지하고, 매번 새로운 뉴스 가치를 발굴하려는 노력을 지원한다.

'카피라이팅 능력'을 요구하는 프롬프트

보도자료는 제목과 리드에서 독자의 시선을 사로잡는

'후킹(Hooking)' 요소가 필요하다(ProBAI연구소, 2025). AI에게 '카피라이팅 능력'을 요구하는 프롬프트를 통해 이 요소를 강화할 수 있다. 이때 카피라이팅은 과장이 아닌 명확한 정보 전달의 힘을 의미한다.

[카피라이팅 강화 프롬프트 예시]

"이 보도자료의 리드를 헤드라인으로 활용한다고 가정하고, 독자의 눈길을 1초 안에 사로잡을 수 있도록 핵심 팩트를 기반으로 한 가장 강력하고 짧은 문장을 5가지 버전으로 제안하라."

이는 AI의 언어 생성 능력을 활용하여 가장 간결하고 효과적인 메시지를 도출하는 기술이다.

AI 보도자료 공식

AI 초안 작성의 효율을 높이기 위해서는 보도자료 전체를 한 번에 생성하기보다 구조적 순서에 따라 프롬프트를 적용하는 다단계 공식을 활용하는 것이 효과적이다.

STEP 1. 제목 및 리드 생성 프롬프트

[STEP 1 **프롬프트 공식**]

"나는 이 보도자료를 통해 [목표하는 메시지]를 전달하고자 한다. [핵심 데이터 3가지]를 기반으로, 기자가 즉시 기사화할 수 있는 뉴스 가치가 높은 제목 10가지와 역피라미드 구조의 리드 문단 3가지를 생성하라. 클리셰는 절대 사용하지 말 것."

STEP 2. 본문 및 인용문 생성 프롬프트

[STEP 2 **프롬프트 공식**]

"STEP 1에서 채택된 리드를 본문 서론으로 활용하고, [추가 상세 정보 및 배경 자료]를 근거로 본문 내용을 3개의 문단으로 구성하라. 각 문단은 명확한 소제목을 가져야 한다. 또한 [인물]의 페르소나를 지정하여 '도전 과정의 고충과 비전'을 담은 생동감 있는 인용문을 2가지 버전으로 작성하라."

STEP 3. 보도자료 형식 완성 프롬프트

[STEP 3 **프롬프트 공식**]

"STEP 2에서 완성된 본문 내용 하단에 '보도자료 개요', '담당자 정보', '기업/기관 공식 고지 사항'을 표준 형식에 맞춰 추가하여 최종 보도자료를 완성하라. 담당자 정보는 [이름, 직책, 연락처]를 포함하며, 공식 용어의 일관성을 최종적으로 검토하라."

고급 논리 구조 적용 1: '문제-해결-전망(P-S-O)' 공식

보도자료가 복잡한 사회 문제나 기술적 난제를 다룰 때 유용한 구조다.

[P-S-O **구조 공식**]

"보도자료 전체를 '문제 제시(Problem)-우리의 해결책(Solution)-미래 전망(Outlook)'의 3단 논리 구조로 구성하라. 리드 문단은 [해결책]에 대한 핵심 내용을 포함하고, 각 단계의 내용에 대해 구체적인 데이터를 반드시 첨부하라."

고급 논리 구조 적용 2: '차별성 부각(Differentiator)' 공식

시장에 유사 제품이 많거나 기술적 우위를 강조해야 할 때 유용하다.

[Differentiator **구조 공식**]

"이 보도자료는 경쟁사 [경쟁사 A, B] 대비 우리 제품의 '차별화 요소 3가지'를 가장 강력하게 부각하는 것을 목표로 한다. 본문 내에서 경쟁사를 간접적으로 언급하되, 우리의 우위를 [객관적인 성능 수치]를 활용하여 명확하게 제시하는 비교 분석 형식으로 작성하라."

뉘앙스 교정 및 최종 검토

AI가 생성한 초안은 중립적일 수 있지만 기업 · 기관이 추구하는 브랜드 톤 앤 매너와는 다를 수 있다. AI에게 톤 앤 매너 가이드라인을 입력하여 1차 교정을 요청한 후, 최종적으로 인간이 문장 하나하나를 검토하여 기업의 목소리가 일관되게 반영되었는지 확인해야 한다. 문장의 간결성 확보는 기자가 보도자료를 쉽고 빠르게 이해하고 활용할 수 있도록 돕는 실용적 배려다. 단조로운 동사나 피동형 표현 대신 능동적이고 생동감 있는 동사를 선택하며, 문장의 길이와 구조에 변화를 주어 '말맛'과 '리듬'을 살리는 작업이 필수적이다.

AI가 만들어 낸 문장을 '냉철한 기자의 시각'으로 최종 검토하는 것은 인간 홍보 전문가의 마지막 임무이자, AI 시대의 결정적인 경쟁력이다(김보라, 2025). 최종 검토자는 AI 초안을 읽으며 다음의 자기 비판적 질문(Self-Critical Questions)을 던져야 한다.

휴먼 터치: 최종 검토 체크리스트

기자의 의심: "내가 만약 이 기사를 취재하는 기자라면, 이 보도자료에서 어떤 점을 의심할까?"

메시지 순도: "가장 먼저 삭제할 만한 불필요한 문장이나 클

리셰는 무엇일까?"

윤리적 반영: "이 문장이 AI의 주관적 입장을 은연중에 반영하여 기업 · 기관의 공식 입장을 왜곡하고 있지 않은가?"

이러한 자기 비판적 검토는 AI의 뻔한 문장을 제거하고, 진짜 뉴스 가치만을 남기는 최종적인 필터 역할을 수행한다.

메시지의 힘을 되찾는 마지막 한 걸음

이제까지 우리는 클리셰의 함정, AI의 반복 경향, 프롬프트 전략을 통해 차별화된 문장을 만드는 방법을 살폈다. 그러나 진짜 과제는 여기서부터다. 클릭을 유도하는 카피를 넘어서 보도로 이어지는 문장을 쓰는 것이야말로 이 시대 홍보의 승부처다. AI는 반복과 통계의 틀 안에서 문장을 만들어 내지만, 홍보 전문가는 예상치 못한 비유, 맥락이 스며든 표현, 감성을 일깨우는 질문 한 줄을 넣을 수 있다. 클리셰를 제거한 담백함은 사실을 더 강하게 드러내고, 기자의 눈길을 붙잡는다.

AI를 통해 획득한 효율성 위에 인간의 통찰력을 더하는 것. 클릭을 유도하는 제목은 시작일 뿐, 진정한 성공은 '보도 가치'가 담긴 문장으로 기자의 선택을 받는 순간에 이루어진다. 클리셰를 걷어낸 담백하고 명확한 문장이야말로 사실의 힘을 극대화하고, 결국 언론 보도로 이어지는 가장 강력한 연결고리가 된다. 사람의 최종 검토는 AI의 초안을 단순한 텍스트가 아닌 맥락과 뉘앙스, 진정성을 갖춘 기사로 승화시키는 마지막 한 걸음이다.

참고문헌

김보라(2025.1.7). ""AI는 광고 효율성을 높여주는 도구, 인간의 역할이 필수적"… 코바코, 연구보고서 발간". 브랜드브리프. https://www.brandbrief.co.kr/news/articleView.html?idxno=7585

뉴스와이어(2025.5.19). "보도자료 클릭률을 높이는 헤드라인 작성법". https://blog.newswire.co.kr/?p=17365

ProB AI 연구소(2025.2.26). "AI 프롬프트로 호기심 유발 헤드라인 작성법". https://blog.prob.co.kr/m/entry/AI-%ED%94%84%EB%A1%AC%ED%94%84%ED%8A%B8-%ED%98%B8%EA%B8%B0%EC%8B%AC-%EC%9C%A0%EB%B0%9C-%ED%97%A4%EB%93%9C%EB%9D%BC%EC%9D%B8-%EC%9E%91%EC%84%B1%EB%B2%95

06
스토리텔링의 힘

보도자료는 단순히 사실을 전달하는 것을 넘어, 독자의 마음을 움직여야 역할을 다한다. AI는 논리와 수치 처리에 탁월하다. 그러나 인간의 감성을 자극하고 공감하게 하는 스토리텔링은 여전히 인간의 고유 영역이다. AI 시대의 홍보 전략은 AI의 구조화 능력과 인간의 공감 능력을 결합해 딱딱한 보도자료에 생명력을 불어넣는 데 있다. 이 장은 AI를 스토리텔링의 강력한 '뼈대 설계자'로 활용하고 인간적인 '살'과 '감정'을 입혀 뉴스의 가치를 극대화하는 실전 노하우와 프롬프트 테크닉을 제시한다.

AI와 민주주의?

보도자료 스토리텔링의 중요성

왜 사람들은 이야기에 끌리는가

인간은 '이야기(Story)'에 본능적으로 반응한다. 보도자료가 단순히 기업의 정보적 가치만 담고 있다면 수많은 정보의 바다에서 쉽게 잊힌다. 성공적인 보도자료는 여기에 감성적 가치를 결합해야 한다. 독자는 사실보다 이야기에 등장하는 인간적인 노력, 시련 극복, 가치 등에 공감하며 브랜드를 기억한다. 기자들 역시 천편일률적인 자료 정리 기사보다 '앵글(Angle)'이 살아 있는 스토리를 선호한다. 스토리텔링은 보도자료를 단순한 '공지'가 아닌 독자에게 읽힐 만한 '뉴스 기사'로 격상시키는 핵심 요소다(박동주, 2025).

스토리의 3대 핵심 구조

AI는 방대한 데이터 학습을 통해 가장 효과적인 스토리 구조를 분석하고 적용하는 데 능숙하다. 홍보 전문가는 다음 세 가지 핵심 구조를 AI에게 명확히 지정하여 초안 작성을 요청해야 한다.

- **플롯**(Plot): 스토리의 전개 방식(시련 극복, 연결/공헌,

발견/혁신 등).

• **갈등**(Conflict): 이야기의 시발점이자 드라마를 만드는 핵심 요소(기술적 난관, 시장 실패, 고객의 문제 등). 갈등이 명확해야 해결책이 가치를 얻는다.

• **영웅**(Hero): 독자가 감정을 이입할 인물(CEO, 연구팀, 가장 중요한 고객 등). 영웅이 갈등을 겪고 성취하는 과정을 중심으로 메시지를 구성해야 신뢰도를 높일 수 있다. 영웅은 독자가 공감할 '감정적 앵커(Emotional Anchor)'임을 명심해야 한다. 홍보 전문가는 AI에게 이 구조를 명확히 제시하여 딱딱한 팩트가 아닌 서사를 중심으로 초안을 생성하도록 유도해야 한다(이파트 블로그).

[플롯 지정 프롬프트 예시]

"이 신제품 출시에 대해 '시련 극복 플롯'을 적용하여 보도자료를 구성하라. 5년 전 실패했던 A 기술 개발의 어려움과 갈등을 핵심으로 설정하라. 초안의 감정선을 '절망→재도전→확신'의 3단계로 명확히 구성하라."

스토리텔링에서 AI와 인간의 역할 구분

AI는 스토리텔링의 구조화와 언어적 표현을 돕는다. 방대한 데이터에서 유사한 플롯을 찾아내거나 감성적인 어휘를 풍부하게 구사하는 능력은 AI의 장점이다. 그러나 AI는 '진정한 이야기'를 만들어 내지 못한다.

- **AI의 역할**: 스토리 뼈대 설계, 언어적 표현 풍부화, 유사 플롯 분석 및 적용.
- **인간의 역할**: 스토리의 진정성 부여(실제 갈등 선정), 윤리적 판단(편견/차별 점검), 공감적 뉘앙스(미묘한 감정 굴곡 다듬기).

AI는 '스토리의 공장'이 될 수 있지만 그 스토리에 '영혼'을 불어넣는 것은 인간 홍보 전문가의 몫이다.

AI 프롬프트 실전: 감성적 스토리 구조 설계

스토리텔링 공식 1. '시련 극복' 플롯 명령

노력과 땀을 강조하는 '시련 극복' 플롯은 보도자료의 진정성을 높이는 데 효과적이다. 딱딱한 R&D 보고서를 '인간적인 드라마'로 전환하도록 AI에게 명령해야 한다.

[프롬프트 예시]

"우리 팀이 [제품명]을 개발하는 과정에서 겪은 [주요 기술적 난제 2가지]와 [밤샘 연구와 같은 인간적인 노력]을 중심으로 '시련 극복 스토리'를 작성하라. 톤 앤 매너는 겸손하면서도 강한 자신감을 드러내도록 설정하며, 최종 성과를 발표하는 연구원의 땀과 열정이 느껴지도록 인용문을 보강하라."

스토리텔링 공식 2. '고객 중심' 플롯 명령

가장 강력한 스토리는 '고객의 변화'다. 제품의 스펙 나열 대신 제품이 고객의 삶을 어떻게 변화시켰는지에 초점을 맞춘다.

[프롬프트 예시]

"보도자료 전체를 '고객 중심 스토리'로 재구성하라. 주인공은 [고객 A의 페르소나와 직업]이다. [고객 A가 겪던 문제]와 이 문제가 [우리 제품]을 통해 어떻게 해결되었는지를 상세히 서술하라. 리드는 고객의 감탄사로 시작하며, 고객의 직접적인 인용문을 3가지 버전으로 포함하라."

'흥미 요소'를 AI로 발굴하는 법

뉴스 가치 외에 '흥미 요소'는 기사화를 결정하는 중요한 변수다. AI에게 보도자료의 사실 관계를 입력하고 '가장 의외성이 있는 부분'을 찾아내도록 명령할 수 있다. AI는 데이터 간의 통계적 '이상점'을 찾아내어 흥미로운 비하인드 스토리의 실마리를 제공할 수 있다.

[프롬프트 예시]

"이 [신제품 개발] 과정에서 일어난 에피소드 중 대중에게 재미있거나 의외성을 줄 수 있는 비하인드 스토리 3가지를 발굴하라. 이 스토리는 보도자료의 마지막 문단이나 첨부된 '취재 협조 요청 사항'에 포함되어 기자의 관심을 유도할 것이다."

감성 전달 전략: 인용문과 비유의 힘

감성적인 인용문의 조건과 재가공 명령

인용문은 보도자료 속 이야기에 인간적인 목소리를 부여하는 핵심 요소다. 감성적인 인용문은 단순히 미사여구가 아닌 기업의 비전과 인간적인 노력이 담긴 진정성 있는 톤 앤 매너를 갖춰야 한다. 특히 '우리의 노력은 여기서 멈추지 않을 것입니다'와 같은 겸손함과 결의를 담은 표현은 독자에게 강한 신뢰를 준다(뉴스와이어, 2024). AI가 인용문을 생성할 때 홍보 전문가는 '누구의 입'에서 나올 말인지 페르소나를 구체화하고 '어떤 맥락'에서 나온 말인지를 제시하여 인용문에 깊이를 더해야 한다.

[인용문 재가공 프롬프트 예시]

"CEO의 공식 발언 '(원문 발언)'을 바탕으로 '고객 중심' 스토리텔링에 최적화된 인용문 2개를 생성하라. 하나는 '감사'를 주제로, 다른 하나는 '미래에 대한 책임감'을 주제로 작성하되, 각각 30자 이내로 간결하게 마무리해야 한다."

비유와 은유로 전환하는 AI 활용 테크닉

기술적이거나 전문적인 사실은 일반 독자에게 쉽게 다가서기 어렵다. AI에게 비유와 은유를 요청하여 딱딱한 사실을 친근한 이미지로 전환할 수 있다. 이는 AI의 방대한 언어 학습 능력을 활용하여 정보의 접근성을 높이는 고차원적인 프롬프트 테크닉이다.

[프롬프트 예시]

"[특정 기술 용어]를 초등학생도 이해할 수 있도록 일상생활 속 비유를 3가지 이상 사용하여 설명하라. 이 비유는 보도자료의 '배경 설명' 문단에 포함될 것이며, 전문성을 해치지 않도록 간결하고 명확하게 작성해야 한다."

AI 기반 공격적 질문 예측 및 Q&A 활용 노하우

AI는 방대한 언론 보도 패턴을 학습했기 때문에 보도자료 내용에 대해 기자가 던질 수 있는 예상 질문을 시뮬레이션하는 데 탁월하다. 특히 비판적이거나 심층적인 질문을 예측하여 대비하는 것은 위기관리에 필수적이다.

[시뮬레이션 프롬프트 예시]

"당신은 [경쟁사 제품을 취재했던] 가장 비판적인 IT 전문 기자다. 이 보도자료를 읽고 기술적 한계, 시장 점유율의 불확실성, 가격 경쟁력 측면에서 공격적인 질문 5가지를 던져라. 이어서 이 질문에 대한 솔직하고 객관적인 답변 초안을 작성하라."

활용 노하우

Q&A 시뮬레이션은 보도자료 본문에 담기 어려워 내용의 흐름을 끊을 수 있는 복잡한 배경 정보나 상세한 기술 설명을 효과적으로 전달한다. AI가 생성한 질문과 답변을 보도자료의 별첨 자료로 활용하여 정보의 투명성을 높이고 기자의 취재 편의성을 극대화해야 한다.

멀티미디어 스토리로 확장하는 AI 활용법

디지털 환경에서 스토리텔링의 생명력은 확장성에 있다. AI는 텍스트 보도자료의 핵심 스토리 구조를 분석하여 멀티미디어 콘텐츠 제작에 필요한 기초 재료를 신속하게 변환한다. AI를 통해 일관된 메시지를 담은 다양한 형식의 콘텐츠를 동시에 준비함으로써 보도자료의 확산 효과를 극대화할 수 있다.

[멀티미디어 확장 프롬프트 예시]

"이 보도자료의 '시련 극복 플롯'을 기반으로, 30초 분량의 유튜브 쇼츠 영상 스크립트를 작성하라. 스크립트는 가장 감동적이거나 클라이맥스를 강조하는 5개의 신으로 구성하고, 각 신에 삽입될 이미지 및 BGM 가이드를 포함하라."

'다음 이야기'를 기대하게 만드는 후속 보도자료 기획

성공적인 스토리텔링은 연속성을 갖는다. 하나의 보도자료에서 모든 것을 끝내기보다 '다음 이야기'를 기대하게 만드는 후속 보도자료를 기획해야 한다. AI는 스토리의 잠재적 후속작이 될 만한 요소, 즉 다음 단계의 제품 개발 계획, 고객의 장기적인 사용 후기 등을 분석하여 연속적인 시리즈 보도의 가능성을 타진한다. 보도자료 말미에 "향후 3개월 뒤, 이 기술이 시장에 미칠 구체적인 변화에 대한 후속 연구 결과를 발표할 예정"과 같은 메시지를 포함하여 기자에게 장기적인 취재 가이드라인을 제공할 수 있다.

AI가 놓친 '결정적 순간' 포착

AI는 방대한 데이터를 분석할 수 있지만 인간의 미묘한 감정과 순간적인 통찰을 완전히 포착할 수는 없다. 이야기의 '결정적 순간'은 종종 데이터 밖, 연구원의 사소한 표정, 고객의 작은 탄식, 개발 과정의 우연한 발견 속에 숨어 있다.

홍보 전문가는 AI가 만들어 낸 초안을 마주하며 그 숨은 순간들을 포착해야 한다. 한 번의 눈빛, 한 마디의 의미, 우연 속에서 피어나는 감정 등 이 작은 '휴먼 터치'가 보도자료를 단순한 정보 전달을 넘어 독자의 마음을 울리는 이야기로 바꾸는 힘이 된다. AI가 마련한 효율 속에서 인간의 공감 능력을 불어넣을 때, 뉴스는 비로소 살아 숨 쉬며 독자의 기억 속에 오래 남는다. 이것이 AI 시대 스토리텔링이 지향하는 진정한 목표다.

참고문헌

뉴스와이어(2024.12.16). "효과적인 보도자료 인용문 작성 원칙". https://blog.newswire.co.kr/?p=16906

박동주(2022.10.14). "미국 기자들은 흥미진진한 이야기를 쓴다". 단비뉴스. https://www.danbinews.com/news/articleView.html?idxno=21649

이파트닷컴(2025). "보도자료 작성 기술로 홍보 효과를 극대화하는 방법과 인공지능을 활용해 쉽고 빠르게 완성하는 실전 가이드". https://epart.com/%EB%B3%B4%EB%8F%84%EC%9E%90%EB%A3%8C-%EC%9E%91%EC%84%B1-%EA%B8%B0%EC%88%A0%EB%A1%9C-%ED%99%8D%EB%B3%B4-%ED%9A%A8%EA%B3%BC%EB%A5%BC-%EA%B7%B9%EB%8C%80%ED%99%94%ED%95%98%EB%8A%94-%EB%B0%A9%EB%B2%95/

07
AI와 인간의 협업

"AI가 만든 글, 당신 마음을 움직였던 적이 있는가?" 생성형 AI는 보도자료 초안 작성의 속도를 혁신적으로 높였지만 그 글에는 인간만이 느낄 수 있는 미묘한 감정과 맥락이 부족하다. 보도자료가 단순 사실 전달을 넘어 독자의 공감과 언론의 선택을 받기 위해서는 AI의 효율성과 인간의 통찰력이 결합된 협업 모델이 필수다. AI 초안에 기업 철학과 문화적 배경, 감성을 불어넣어 뉴스 가치를 완성하는 구체적 프로세스와 실전 노하우를 알아본다. AI를 '자동 필기 도구'가 아닌 '전략적 조력자'로 활용하는 것이 홍보 전문가의 역량이다.

AI와 애니메이션?

AI-인간 협업 모델

생산성 VS 통찰력의 최적 조합

AI와 인간의 협업 모델은 생산성(AI)과 통찰력(인간)의 이점을 극대화하는 역할 분담에 기반해야 한다(Samwell.ai, 2025). AI는 방대한 데이터의 분석, 초안의 논리적 구성, 다양한 포맷으로의 변환 등 속도와 일관성이 필요한 영역에 집중한다. 홍보 전문가는 비정형적이고 비판적인 영역, 즉 보도자료의 전략적 목표 설정, 최종적인 팩트 체크, 기업의 윤리적/문화적 맥락 부여를 담당한다. AI가 '기계적인 골격'을 만들면 인간은 '가치 있는 살'을 붙이는 방식으로 최적의 조합을 이룬다(양민찬, 2025).

AI는 초안 생성, 인간은 데스킹

이상적인 협업 모델에서 AI의 역할은 '최고의 초안 작성자'에 머무른다. AI는 핵심 사실과 전략적 의도를 바탕으로 초안을 신속하게 생성하고, 필요한 데이터와 수치를 인용문 형식으로 정리하는 데 집중한다. 인간의 역할은 '비판적 데스킹 전문가'다. 인간 전문가는 AI가 생성한 초안을 언론인 시각으로 냉철하게 검토하며, AI의 오류를 찾아내는 'AI 필터' 역할을 수행해야 한다(하진규, 2025).

협업 성공 사례

AI는 제품의 기술적 사양과 시장 점유율 예측을 중심으로 초안을 작성한다. 이 초안에 홍보 전문가는 '기술 개발에 참여한 개발팀장의 10년 시련 극복 스토리'와 같은 휴먼 터치를 추가한다. 이러한 감성적인 서사는 보도자료를 단순한 제품 소개를 넘어 '사람이 만드는 혁신'이라는 서사를 갖게 하며 대형 일간지의 긍정적인 심층 보도를 유도한다. 성공적인 협업은 'AI가 초안의 90%를, 인간이 가치의 90%를 완성한다'는 역설적 결론을 시사한다.

협업 과정의 원칙

AI 활용 과정에서는 결과물에 대한 과신이나 불신으로 인한 충돌이 발생한다. 이를 해소하기 위한 냉철한 판단 기준은 'AI는 진실을 알지 못한다'는 원칙이다. AI는 통계적 확률만 알 뿐, 기업 내부의 미공개된 사실이나 미묘한 전략적 의도는 알지 못한다. 따라서 최종적인 책임과 승인은 언제나 사람에게 있음을 명확히 해야 한다(뉴스와이어, 2025).

나아가 AI에게 유관 부서별 맞춤 요약본을 생성하도록 명령하여 내부 승인 과정을 간소화해야 한다. 예를 들어 "법무팀 검토를 위해 이 보도자료에서 법적 책임과 관련된 문단 3개를 추출하고, 기술 용어의 정확성을 검토할 수 있는 기술적 사양을 별도의 박스 형식으로 요약하라"고 요청하는 것이다. 이는 내부 승인 과정을 간소화하여 배포 속도를 높이는 전략이다.

인간의 최종 개입: 비판적 데스킹

단순 교정 이상의 '가치 제고'

인간의 개입은 문법적 오류를 잡는 단순 교정을 넘어, AI가 만든 초안의 뉴스 가치를 한 단계 더 높이는 '가치 제고'에 초점을 맞춰야 한다. 홍보 전문가는 AI가 만든 '기계적인 골격'에 '가치 있는 살'을 붙이는 역할을 수행해야 한다. 특히 다음 세 가지 '가치 제고 3대 원칙'에 따라 비판적 개입이 필수적이다.

가치 제고 3대 원칙

1. AI 오버-수정 방지: AI는 인간의 요구에 응하여 문장을 지나치게 꾸미거나 불필요한 긍정적 수식어(예: 최고, 획기적인)를 반복하는 경향이 있다. 이러한 주관적 표현을 삭제하고 그 자리에 구체적인 수치와 데이터를 채워 넣어 객관성을 확보해야 한다.

2. 결정적 인용문 추가: AI가 생성하지 못한 기업 철학이나 인간적인 고뇌가 담긴 결정적인 인용문을 추가하여 진정성을 부여한다.
3. 감정적 연결고리 심어 넣기: AI가 "이 기술은 효율성을 20% 높입니다"라고 썼다면, 인간은 "이 20%의 효율성 증가는 [야근하는 직원들의 가족]과 [사용자]에게 [어떤 여유]를 제공할 것입니다"와 같이 감정적인 결과를 덧붙여 문장의 가치를 제고한다.

철학, 문화, 감성적 맥락 보정

AI는 기업이 오랜 기간 축적한 철학, 문화, 그리고 사회적 이슈와 관련된 비가시적인 맥락은 파악하기 어렵다. 홍보 전문가는 '문화적 필터' 역할을 수행해야 한다.

- **기업 철학 반영**: AI가 생성한 문장 중 기업의 '핵심 가치'와 상충되거나 부족한 부분을 찾아내 보완적 프롬프트를 적용해야 한다. 예를 들어 "이 문단에 [창업주의 휴머니즘 철학]이 느껴지도록 톤을 변경하고, 금전적 이익 대신 [장기적인 고객 만족]을 강조하는 문장으로 마무리하라"와 같이 구체적으로 명령함으로써 기업 철학을 반영할 수 있다.
- **사회/문화적 오류 수정**: 특정 단어나 표현이 특정 지역이

나 최근의 사회적 논란과 맞물려 오해를 유발할 수 있다. 예를 들어 "최근 [특정 사회적 이슈]로 인해 이 용어는 대중의 반감을 살 수 있다. 이 표현을 [대안적이고 중립적인 용어]로 교체하라"고 명령하여 AI가 놓친 외부 환경과의 연결고리를 보정해야 한다.

일관성 확보: 톤 앤 매너와 핵심 메시지 최종 필터링

브랜드 톤 앤 매너 체크리스트 개발

일관된 브랜드 톤 앤 매너는 기업 신뢰도의 기본이다. 홍보팀은 자사의 톤 앤 매너를 규정하는 체크리스트를 개발하고, AI에게 초안을 요청할 때 프롬프트의 제약 조건으로 명확히 반영해야 한다. 이후 인간은 AI가 이 체크리스트를 정확히 준수했는지 최종 필터링하는 역할을 한다.

핵심 메시지의 일관성 검토

AI는 유창하게 글을 쓰는 과정에서 때때로 주제나 핵심 메시지에서 벗어난 내용을 추가할 수 있다. 보도자료 배포 전, 설정된 3가지 핵심 메시지가 제목, 리드, 본문, 인용문에 일관성 있게 반영되었는지 검토해야 한다. 검토

시에는 AI에게 핵심 메시지를 다시 한번 입력하고 "이 초안이 [설정된 핵심 메시지]에 얼마나 충실한지 10점 만점으로 평가하고, 이탈된 문단이 있다면 지적하라"고 요청하여 AI 스스로 자기 비판적 검토를 수행하도록 유도할 수 있다.

협업 시스템의 지속적인 개선

'피드백 루프' 구축

AI 협업 시스템은 지속적인 학습을 통해 개선되어야 한다. 가장 효과적인 방법은 '피드백 루프'를 구축하는 것이다(박찬, 2024). 보도자료 배포 후, 언론에 최종 보도된 기사(최적의 결과물)와 AI가 작성한 초안을 비교하여 인간이 수정한 부분, 기자가 채택하거나 삭제한 부분을 AI에게 다시 학습시키는 것이다. 이 과정을 통해 AI는 '기자가 선호하는 표현'을 중심으로 글을 생성하는 능력을 강화한다.

홍보 팀원들의 AI 활용 역량 강화

AI 활용의 성패는 결국 프롬프트 엔지니어링 역량에 달려 있다. 홍보팀은 정기적인 교육을 실시하고, 팀원들이

각자의 '성공적인 프롬프트'와 '실패한 프롬프트' 사례를 공유하는 내부 라이브러리를 구축하는 것이 중요하다. 이는 팀 전체의 집단 지성을 활용하여 AI 활용 노하우를 빠르게 표준화하고 팀원 간의 숙련도 격차를 줄이는 가장 효율적인 방법이다.

'인간 전문가'의 존재 가치 증명

AI가 단순 업무를 대신할수록 홍보 전문가는 '인간만이 할 수 있는 영역'에 집중하여 자신의 존재 가치를 증명해야 한다. AI가 복제할 수 없는 전문 영역은 미디어 관계 형성과 위기관리다. AI는 기계적인 배포를 할 수 있지만 기자와의 신뢰를 바탕으로 한 개인적 소통과 심층적인 유대감 형성은 인간의 감성과 공감 능력이 필수적이다. 또한 위기 상황에서 윤리적 판단과 인간적인 공감을 바탕으로 한 즉각적인 대응 역시 AI가 대체할 수 없는 고유 영역이다. AI를 통해 절약한 시간을 이러한 전략적이고 인간적인 영역에 투자하는 것이 곧 AI 시대 홍보 전문가의 궁극적인 생존 전략이다(문지형, 2025).

이제 홍보 전문가에게 남겨진 숙제는 명확하다. AI와 협업할 때, '어떤 순간에 인간적 결정을 개입할 것인가'를 매 보도자료마다 찾아내고, 그 순간을 놓치지 말 것.

이 작은 습관이 AI 시대에도 변치 않는 홍보 전문가의 경쟁력이다.

참고문헌

뉴스와이어(2025.8.11). “보도자료 작성에 AI 활용시 주의할 점”. https://blog.newswire.co.kr/?p=17639

문지형(2025.9.14). “AI 시대, 'PR의 아버지'와 ‘선전의 대가’가 말하다”. 지디넷코리아. https://zdnet.co.kr/view/?no=20250914000418

박찬(2024.4.22). “저커버그 “AI 학습 데이터보다 중요한 것은 피드백 루프””. AI타임스. https://www.aitimes.com/news/articleView.html?idxno=159008

양민찬(2025.7.10). “[양민찬의 글쓰기 경영 11] AI와 인간의 협력 글쓰기, 새로운 보고서 작성법”. 독서경영신문. https://www.readingtv.kr/news/articleView.html?idxno=10953

하진규(2025.4.14). “AI와 사람의 역할 분담과 협업 : 보고서 작성 워크플로우를 기반으로”. https://blog.comento.kr/ai-and-human-roledivision-and-collaboration-based-on-reportwriting-workflow/

Samwell.ai(2025.6.16). “2025년 인공지능 생성 콘텐츠 대 인간 콘텐츠: 무엇이 더 효과적일까?”. https://www.samwell.ai/ko/blog/ai-content-vs-human-content-2025

08
팩트와 신뢰

"오늘 당신이 읽은 뉴스, 얼마나 믿을 수 있는가?" 생성형 AI는 현실과 구별하기 어려운 가짜 뉴스와 딥페이크를 양산하며 우리의 신뢰를 위협하고 있다. 이러한 '정보 오염 시대'에서 보도자료는 단순한 홍보 문서를 넘어, 기업과 기관이 제공하는 공식적 '단일 진실의 원천'으로서의 사명을 재확립해야 한다. 이 장에서는 AI 기술의 양면성을 이해하고, 팩트체크 시스템을 강화하며, 투명성과 신뢰를 지키는 실무 전략과 구체적 노하우를 제시한다.

AI와 인재 채용?

가짜뉴스와 딥페이크의 위협

AI 기술 발전이 촉발한 '정보 오염' 시대의 도래

생성형 AI의 발전은 현실과 구별하기 어려운 가짜 이미지, 오디오, 영상을 만들어 내는 딥페이크 기술을 급격히 발전시켰다(최성철, 2024). 이러한 기술은 악의적으로 사용될 경우 평판 훼손이나 주가 조작을 시도할 수 있다. 대중의 의심 수준이 높아진 '정보 오염' 시대에는 검증되지 않은 정보는 곧바로 불신으로 이어진다. 홍보 전문가는 AI 기술이 낳은 이 위협을 명확히 인지하고 보도자료 작성 및 배포 전반에 걸쳐 '신뢰'를 최우선 가치로 두는 방어 전략을 구축해야 한다.

공식적 '단일 진실의 원천'

가짜뉴스가 범람하는 환경에서 보도자료는 기업이나 기관이 대외적으로 발표하는 공식적이고 검증된 '단일 진실의 원천'으로서 기능해야 한다. 어떤 루머나 오보가 확산되더라도 기자와 대중이 즉시 참고하고 판단할 수 있는 기준점을 제공해야 한다.

나아가 신뢰 위기가 발생했을 때 보도자료는 가장 신속하고 강력한 제어 무기가 된다. 가짜뉴스의 핵심 주장을 사실에 기반하여 단호하게 반박하고, 객관적인 증거(데이터, 공문서 등)를 첨부해야 한다(김일기, 2025). 이처럼 보도자료는 공식적인 진실을 선포하고 정보의 흐름을 통제하는 중심축이 되어야 한다.

기업 및 기관의 신뢰도 관리

AI 시대의 신뢰도 관리는 위협적인 환경에서도 투명성을 유지하는 데 달려 있다. 불확실성이 높을수록 기업의 투명성은 진정성을 입증하는 가장 강력한 무기이며, 정보의 출처를 명시하고 AI 활용 여부를 고지하며 잠재적인 위험 요소까지 선제적으로 공개하는 것을 포함한다. 기업이 정직하고 개방적으로 소통할 때 대중은 위기 상황에서도 공식 발표를 신뢰할 가능성이 높아진다.

AI 기반 팩트체크 시스템 구축과 인간의 통제

데이터 교차 검증 및 사실 오류 탐색 명령

보도자료에 포함된 수치나 통계는 가짜뉴스의 공격 대상이 되기 쉽다. AI는 방대한 데이터베이스를 활용하여 데이터의 교차 검증을 자동화하는 시스템을 구축하는 데 활용될 수 있다. AI에게 보도자료의 수치를 입력하고

"이 수치와 관련된 3가지 이상의 공신력 있는 외부 출처를 찾아 일치하는지 확인하라"고 명령해야 한다(이현우, 2024). 나아가 AI 스스로 초안에서 잠재적인 사실 오류를 역으로 찾아내도록 명령할 수도 있다.

[사실 오류 탐색 프롬프트 예시]

"당신은 냉철한 탐사 보도 기자이며, 이 보도자료가 거짓일 수 있다는 전제 하에 검토하라. 초안의 내용 중 출처가 모호하거나, 상식적으로 납득하기 어렵거나, 과장된 것처럼 보이는 문장 3개를 지적하고, 각 문장의 객관적 증거가 무엇인지 요구하라."

데이터 출처 명확화와 비전문가 용어의 오류 방지

신뢰를 확보하는 첫걸음은 투명성이다. 인용된 모든 데이터와 통계 자료는 출처를 명확히 명시해야 하며, 데이터 자체가 AI를 통해 수집되거나 분석된 결과라면 그 사실을 투명하게 고지해야 한다.

예를 들어 "(자료 출처: [기관명]의 [보고서명] 또는 '자체 AI 모델 기반 시장 동향 예측')"과 같이 AI 활용 여부를 명시함으로써 기자와 독자가 정보의 생성 배경을 정확히 이해하고 판단할 수 있도록 돕는다.

또한 AI에게 “이 보도자료의 독자가 일반 대중일 경우, [전문 용어]가 오해될 가능성이 있는지 판단하고, 있다면 그 용어를 [쉬운 비유나 명확한 정의]로 대체하라”고 명령하여 용어 사용의 정확성과 대중의 이해도를 동시에 높여야 한다.

AI 생성 콘텐츠의 투명성 고지 원칙 확립

투명성 확보: AI 생성 고지 원칙 및 규제 준수

생성형 AI의 발전과 딥페이크 위험 증가는 AI 산출물에 대한 투명성 확보를 국제적인 의무로 만들고 있다. EU의 AI법(AI Act)과 국내 법안들은 생성형 AI로 만든 콘텐츠에 대해 그 사실을 이용자가 명확히 인식할 수 있도록 ‘표시’하거나 ‘고지’할 의무를 부과한다(김형지 외, 2024; 한국언론진흥재단, 2024).

홍보 전문가는 이 같은 규제 동향을 선제적으로 준수하여 ‘AI 생성 고지 원칙’을 확립해야 한다(전응준, 2024).

AI 고지 원칙 기준

1. 전체 생성: AI가 초안의 70% 이상을 작성했고 인간이 최종 검토만 한 경우, 보도자료 하단에 “본 보도자료 초안은

생성형 AI 모델을 활용하여 작성되었으며 최종 검토는 [홍보 담당자 명]이 수행하였습니다"라고 명시한다.

2. 일부 활용: 특정 데이터 분석, 인용문 재구성, 제목 아이디어 도출 등 부분적으로 활용한 경우에는 그 활용 영역을 구체적으로 명시한다.

위기관리 보도자료 작성 방법

루머나 가짜뉴스가 확산될 경우, 기업은 신속하고 단호하게 대응해야 한다. 위기관리 보도자료는 감정적 해명 대신 사실에 기반한 대응이 핵심이다.

위기관리 보도자료 3대 원칙

1. 선점적 대응: 루머 발생 1시간 이내에 '공식 입장문'을 발표하고, 24시간 이내에 상세한 '사실 해명 보도자료'를 배포하여 정보 확산을 선점해야 한다. 루머의 핵심을 부정할 때는 '전혀 사실이 아님을 명확히 밝힙니다'와 같은 단호한 표현을 사용하고 증거를 제시한다.

2. 투명한 검증 과정 공개: 보도자료 포맷에 '팩트체크 박스'를 신설하여, 핵심 수치 옆에 '검증 완료' 표시와 함께 '검증 방식 및 출처'를 간략히 명시하여 기자들이 별도의 취재 없이 신뢰성을 확인하도록 돕는다[예: "매출액 500억 달성(검

증: 2024년 외부 회계 감사 보고서 기준)"].

3. 실시간 모니터링 및 정정: AI를 활용한 실시간 모니터링 시스템을 구축하여 보도자료 내용과 관련된 오보나 가짜뉴스의 확산을 초기 단계에서 포착하여 신속하게 정정 보도 요청이나 후속 대응을 준비한다.

AI 시대, 신뢰 확보의 최종 결론

AI 시대, 신뢰는 선택이 아닌 필수다. 속도와 편리함을 제공하는 AI에도 불구하고, 보도자료의 최종 책임과 신뢰는 인간 전문가에게 있다. 따라서 보도자료를 작성할 때마다 스스로 점검해야 한다. '이 부분에는 인간의 판단과 개입이 필요한가?', '책임은 어떤 방식으로 확실히 확보할 수 있는가?' 이러한 질문을 던지고 기록하는 작은 습관이 쌓일 때, AI 시대에도 변치 않는 신뢰와 기업·기관의 신뢰도를 지키는 강력한 무기가 된다.

이 인간적 책임 의식은 단기적인 성과를 넘어 장기적인 미디어 관계로 이어진다. 기자는 불확실한 환경 속에서 신뢰할 수 있는 정보원을 찾고, 홍보 전문가는 투명성과 정확성을 꾸준히 유지함으로써 기자에게 '믿고 쓸 수 있는 정보원'으로 자리매김한다. AI가 만든 불신의 환경 속에서 인간적 신뢰를 기반으로 한 관계 자본은 그 어떤 기술보다 강력한 경쟁력이 된다.

결국 AI를 활용한 효율성과 인간의 섬세한 판단이 결합될 때, 보도자료는 단순한 정보 전달을 넘어 신뢰와 책임, 그리고 기업 · 기관의 가치를 지켜내는 진정한 도구가 된다.

참고문헌

김일기(2025.6). "가짜뉴스 및 허위조작정보에 대한 대응 전략". 《INSS 전략보고》, 339. https://www.inss.re.kr/upload/bbs/BBSA05/202506/F20250619094836429.pdf

김형지·유지수(2024.11.6). "[IP Law] EU AI Act의 표시의무와 저작권 관련 주요 내용". 리걸타임즈. https://www.legaltimes.co.kr/news/articleView.html?idxno=82479

이현우(2024.12.13). "AI로 진화하는 팩트체크: 가능성과 한계". 《KPF 미디어브리프》. https://www.kpf.or.kr/synap/skin/doc.html?fn=1734066466692.pdf&rs=/synap/result/research/

전응준(2024.12.24). "[Tech Legal Insights] 인공지능 산출물에 대한 식별표시 의무화 논란-인공지능 기본법안과 관련하여". 법무법인(유) 린 뉴스레터. https://www.law-lin.com/news/news_sub01_view.html?idx=847

최성철(2024.9.9). "딥페이크란 무엇이고, 기업에 어떤 영향을 미치는가?". 삼성SDS 인사이트 리포트.

https://www.samsungsds.com/kr/insights/what-is-a-deepfake.html
한국언론진흥재단(2024.3.28). "EU, AI에 '비상등' 켜다 AI 기사에 투명성 의무화". 《미디어정책리포트》, 2024(2). https://www.kpf.or.kr/front/board/boardContentsView.do?board_id=246&contents_id=99b26d4a40054de99d549c79d269cc20

09

AI 보도자료의 윤리

"이 자료가 다른 사람의 권리를 침해하고 있지는 않을까?" 생성형 AI는 홍보 업무의 효율성을 비약적으로 높였지만, 그 활용에는 저작권 침해, 데이터 편향성, 책임 소재 등 심각한 윤리적 딜레마가 존재한다. AI 시대의 윤리적 홍보란 기술의 이점을 활용하면서도 잠재적 위험을 최소화하고 공정성과 투명성을 확보하는 것이다. 이 장에서는 AI 보도자료 작성 과정에서 발생할 수 있는 주요 윤리 문제를 분석하고, 이를 사전에 예방하며 기업 문화 속 윤리적 기준으로 정착시키는 구체적인 전략과 작성법을 제시한다.

AI와 기자?

저작권 침해와 표절 방지

AI 학습 데이터와 저작권

대규모 언어 모델(LLM)은 방대한 기존 저작물을 학습하여 결과물을 생성한다. 따라서 타인의 창작물을 무단으로 모방하거나 표절할 위험이 상존한다(박정훈, 2024). 홍보 전문가는 AI 모델의 저작권 정책을 사전에 확인하여 법적 위험을 최소화해야 한다. 현재 대다수 법률은 저작권을 '인간 창작자'에게 부여하므로, AI 생성 콘텐츠의 소유권은 AI를 도구로 사용하여 창의적인 의도를 부여하고 최종 책임을 진 '사용자(기업 또는 홍보 전문가)'에게 귀속되는 것이 일반적이다. 홍보 전문가는 AI가 쓴 초안에 인간의 명확한 '창작적 개입'을 기록하고 증명할 수 있어야 저작권 분쟁에서 유리하다.

시스템 및 프롬프트를 활용한 능동적 표절 방지 루틴

AI 표절 문제를 해결하기 위한 가장 실용적인 대책은 유사성 검토 시스템과 안전한 프롬프트를 결합한 능동적 방어 루틴을 의무화하는 것이다.

- **사전 방어(프롬프트)**: AI에게 기존의 특정 기사를 모방하

도록 명령하는 대신 '이전에 보도된 적 없는 새로운 비유와 은유를 사용하라'고 명확히 요구해야 한다. 단순 요약이나 문장 변형을 넘어선 '재창조'를 유도하는 프롬프트를 사용해야 한다.

• **사후 검토(시스템)**: AI가 초안을 생성한 후, 이 초안을 과거 콘텐츠 및 주요 언론사 기사와 비교하여 유사성 비율을 측정하는 검토 도구를 활용한다. 유사성이 높게 나올 경우, AI에게 해당 문구를 다른 맥락과 표현으로 전면 재작성하도록 명령하는 루틴을 의무화하여 독창성과 법적 안전성을 확보한다.

데이터 편향성과 포용적 작성

편향성 분석과 윤리적 교정

AI 모델이 학습한 데이터는 특정 성별, 인종, 직업 등에 치우친 편향성을 내포하며, 이는 보도자료에 반영되어 차별적 시각을 조장할 위험이 있다. 홍보 전문가는 AI 초안을 검토하며 이러한 잠재적인 편향성이 없는지 의무적으로 점검해야 하며, AI가 편향된 초안을 생성했을 때 이를 '윤리적 관점'에서 교정하는 것이 필수적인 역할이다.

[편향 통제 프롬프트 예시]

"보도자료 전체에서 성별, 연령, 지역 등에 대한 고정관념을 강화하는 모든 표현을 제거하라. 특히 인용되는 전문가나 고객 사례는 다양한 배경을 가진 사람들을 포함하도록 균형을 맞추라. 데이터 분석 결과에 대한 해석 시, 특정 집단에 유리하거나 불리한 결론을 도출하지 않도록 객관적인 설명에 집중하라."

[윤리적 교정 프롬프트 예시]

"이 보도자료에 포함된 모든 인물 및 직업 관련 표현을 성별 중립적인 용어로 변경하라. [특정 지역이나 계층]에 대한 어떠한 부정적이거나 긍정적인 고정관념도 포함하지 않도록 문맥을 조정하라."

포용적 작성과 AI 예측 사용 윤리

보도자료는 포용적인 관점을 유지해야 하며, 특정 집단을 의도적으로 배제하거나 불리한 정보를 숨기는 행위를 경계해야 한다. 윤리적 문제가 발생할 수 있는 민감한 주제는 중립적이고 객관적인 사실만을 전달해야 한다.

또한 AI가 제시하는 시장의 미래 동향이나 잠재적 결과에 대한 추론(예측)은 사실이 아닌 오류를 포함할 수 있다. 허위 예측을 사실처럼 발표하는 것은 신뢰도 붕괴를 초래한다. 보도자료에 AI의 예측을 포함할 경우, 반드시 '예측' 또는 '전망'이라는 단어를 명확히 사용하고, '이 예측은 AI 모델에 기반하며 실제 결과와 다를 수 있다'는 면책 조항을 명시해야 한다. 추론을 사실로 둔갑시키지 않는 것이 윤리적 사용의 기본이다.

AI 활용의 투명성 원칙

국제 규제와 AI 활용 고지

생성형 AI의 급격한 발전은 AI 산출물에 대한 투명성 확보를 국제적인 의무로 만들고 있다. EU의 AI법과 국내 관련 법안들은 생성형 AI로 만든 콘텐츠에 대해 그 사실을 이용자가 명확히 인식할 수 있도록 '표시'하거나 '고지'할 의무를 부과한다(김형지 외, 2024).

홍보 전문가는 AI 활용 여부와 사용된 도구의 종류를 공개적으로 명시하는 '투명성 고지 원칙'을 확립해야 한다. 투명한 고지는 기업이 윤리적 사용을 실천하고 있다는 증거가 되며 장기적인 신뢰 자산으로 작용한다.

[투명성 표기 예시]

보도자료 말미 또는 별도 박스에 "이 보도자료의 초안 작성

(데이터 분석 및 논리 구조화)에는 ○○○(AI 도구명)이 활용되었으며, 최종 편집 및 팩트 검증은 홍보팀 ○○○이 완료했음을 밝힙니다"와 같이 명시한다.

윤리적 책임과 기업 내 강령

결과물 책임

아무리 AI가 완벽한 초안을 생성하더라도 그 결과물에 따른 모든 법적, 윤리적 책임은 최종적으로 발표를 승인한 인간 홍보 전문가에게 귀속된다(정보통신정책연구원, 2020). AI는 책임을 지지 않는다. 홍보 전문가는 AI를 '면피 수단'으로 삼아서는 안 되며, AI가 초안을 썼더라도 이는 인간 전문가의 '창작물'로 간주되어 오류나 분쟁 발생 시 인간이 모든 책임을 진다는 강력한 윤리 의식을 가져야 한다. 따라서 AI를 활용하는 과정에서 인간의 명확한 '창작적 개입(수정, 맥락 부여, 최종 승인)'을 기록하고 증명할 의무가 홍보 전문가에게 있다.

윤리 강령 구축 및 교육

기업은 AI 활용에 대한 명확한 내부 지침이 필요하며 이를 'AI 시대의 보도자료 윤리 강령'으로 공식화하는 것이 필요하다(국민권익위원회, 2023). 이 강령에는 다음 네 가지 핵심 원칙이 포함되어야 한다.

AI 보도자료 윤리 강령 4대 원칙

1. 진실성(Truthfulness): AI가 생성한 내용에 대한 인간의 최종 팩트 검증 의무.
2. 투명성(Transparency): AI 활용 여부와 사용된 도구의 종류를 명확히 명시.
3. 공정성(Fairness): 데이터 편향성 및 차별적 시각을 배제하고 포용성을 확보.
4. 저작권 준수(Copyright Compliance): 타인의 창작물에 대한 모방을 금지하고 독창성 루틴을 의무화.

나아가 홍보 전문가들은 AI가 애매모호한 추론을 제시했을 때 '어떻게 윤리적 판단을 내리고 이를 보도자료에 반영할 것인가'에 대한 실질적인 교육과 토론을 통해 윤리적 딜레마 상황에 대처하는 능력을 강화해야 한다.

장기적 관점: 인간 가치와 윤리적 홍보

AI는 단순한 홍보 수단을 넘어 선한 영향력을 확대하는 도구로 활용될 수 있다. AI를 활용하여 ESG(환경 · 사회 · 지배 구조) 보고서의 방대한 데이터를 분석하고, 기업의 사회 공헌 활동이 실제 사회에 미친 긍정적인 변화를 스토리텔링으로 기획하여 기업의 윤리적 가치를 반영하는 보도자료의 구조화 및 확산 전략을 최적화할 수 있다.

윤리적 보도자료는 장기적인 신뢰 기반의 미디어 관계 구축에 필수적이다. 기자들은 AI 시대일수록 '사실을 기반으로 정직하게 소통하는 홍보 전문가'를 신뢰하며, 이러한 신뢰는 위기 상황에서 기자가 기업의 공식 입장을 적극적으로 보도하도록 유도하는 강력한 자산이 된다. 또한 장기적인 윤리적 홍보 전략은 보도자료에 AI가 모방할 수 없는 '인간적인 가치'를 핵심 스토리로 담아내는 것이다. 기업의 창업 정신, 임직원의 헌신, 사회에 대한 책임 의식 등은 AI가 아닌 인간만이 진정성 있게 전달할 수 있는 영역이다.

궁극적으로 윤리적 AI 사용은 단순한 규칙 준수가 아닌 기업 문화로 정착되어야 한다. 기업 내부적으로 AI 윤리 강령 교육을 의무화하고, 이처럼 '윤리적 AI 사용을 문화로 정착시키고 있다'는 사실 자체를 보도자료로 공표하는 것도 강력한 윤리적 홍보 전략이 될 수 있다(카카오, 2023). 이는 기업의 책임 의식을 대외적으로 천명하고, AI 기술의 선두 주자이자 윤리적 리더로서의 이미지를 동시에 구축하는 데 기여한다.

참고문헌

국민권익위원회(2023.10). "AI와 청렴윤리경영". 《청렴윤리경영 브리프스》, 130. https://www.acrc.go.kr/briefs/53bed2fddd46d671d2e443efb9ea63e83a52673faf8ed6bd482a97393b4a3d73/img/bro.pdf

김형지·유지수(2024.11.6). "[IP Law] EU AI Act의 표시의무와 저작권 관련 주요 내용". 리걸타임즈. https://www.legaltimes.co.kr/news/articleView.html?idxno=82479

박정훈(2023.12). "생성형 AI 저작권 안내서". 한국저작권위원회. https://www.copyright.or.kr/information-materials/publication/research-report/view.do?brdctsno=52591

정보통신정책연구원(2020.12.23). "사람이 중심이 되는 인공지능(AI) 윤리기준". https://ai.kisdi.re.kr/aieth/bbs/B0000085/view.do?nttId=325&menuNo=400&pageIndex=1

카카오(2023.3). "카카오 그룹의 책임 있는 AI를 위한 가이드라인". https://www.kakaocorp.com/page/responsible/detail/guidelinesForResponsibleAI

10
보도자료 2.0의 미래

"AI가 내 자리를 대신할 수도 있는 이 시대, 어떤 방식으로 홍보의 가치를 지키고, 인간의 통찰력을 세상에 전달할 것인가?" 생성형 AI는 단순한 자동화 도구를 넘어 보도자료의 생성 · 배포 · 확산의 모든 단계를 혁신하며, 홍보 전문가의 역할을 근본적으로 바꾸고 있다. 미래의 보도자료는 이제 '정적인 텍스트 문서'의 한계를 넘어 '개인화되고 몰입적인 멀티모달 커뮤니케이션'으로 진화할 것이다. 마지막 장에서는 AI가 주도할 보도자료의 미래를 전망하고 홍보 전문가가 생존을 넘어 번영하기 위해 집중해야 할 핵심 역량을 제시한다.

AI와 미래 의사?

미래 보도자료의 세 가지 혁신적 진화

지능적 진화: 타깃 맞춤형

미래의 보도자료는 타깃 맞춤형 콘텐츠로 진화할 것이다. AI는 기자의 과거 보도 경향, 선호 주제, 문체 등을 분석하여 가장 기사화 가능성이 높은 '개인화된 버전'의 보도자료를 초정밀 자동 생성할 것이다.

특정 매체 기자가 선호하는 데이터 인용 방식이나 제목 스타일 등을 반영한 개별 초안을 실시간으로 제공하며, 보도자료는 단순한 사실 전달을 넘어 '정교한 설득 도구'로 격상된다. 또한 예상 독자층에 따라 리드 문단과 핵심 메시지의 톤 앤 매너를 달리하여 노출 효과를 극대화한다.

감각적 진화: 멀티모달 커뮤니케이션

미래 보도자료는 텍스트, 이미지, 비디오, 3D 모델, 상호작용 가능한 차트 등 다양한 감각 요소를 결합한 멀티모달 형태로 진화할 것이다. 이는 독자에게 정보를 '읽게' 하는 것을 넘어 '경험하게' 하는 것을 목표로 한다.

- AI **기반 시각화**: 보도자료 내의 수치와 데이터는 AI에 의

해 자동으로 인포그래픽, 3D 시뮬레이션, 데이터 시각화 차트로 변환되어 첨부된다.

• XR **환경 구현**: 기자들은 기업이 제공한 가상/혼합 현실(XR) 멀티모달 보도자료 패키지를 통해 텍스트를 읽는 대신, 신제품을 가상 쇼룸에서 360도로 관찰하거나 새로운 공장의 디지털 트윈을 방문하여 건설 현황을 확인할 수 있다.

• **라이브 보도자료**: 실시간 데이터 변동(예: 주식 가격, 판매량)을 반영해 내용이 수시로 업데이트되는 라이브 형태의 보도자료가 표준화되어 정보의 허브 역할을 수행한다.

전략적 진화: 콘텐츠 허브와 실시간 성과 분석

보도자료는 단순한 배포용 문서가 아닌, 기업의 모든 콘텐츠와 정보를 연결하는 전략적 '콘텐츠 허브'로 기능할 것이다.

• **원 소스 멀티 유즈**(One Source Multi-Use)**의 완성**: 하나의 보도자료는 AI를 통해 동시에 이메일 뉴스레터, SNS 게시물, 블로그 포스트, IR 자료 등으로 자동 변환된다. 모든 콘텐츠는 보도자료를 중심으로 유기적으로 연결되어 일관된 메시지를 전달할 것이다.

• AI **기반 배포 및 성과 분석 통합**: AI는 보도자료 배포와

동시에 확산 경로, 도달률, 기사화율, 독자 반응, 감성 분석까지 통합적으로 수행한다.

- **실시간 피드백 루프**: 홍보 전문가는 이 데이터를 활용해 다음 보도자료 기획에 즉각적으로 반영하는 '실시간 피드백 루프'를 고도화 할 것이다.

AI가 모방할 수 없는 핵심 가치

AI가 모든 커뮤니케이션을 자동화하더라도 보도자료의 핵심 가치인 '최종적인 공표 의지'는 AI가 자동화할 수 없다. 보도자료는 AI가 놓칠 수 있는 윤리적 편향까지 최종적으로 검수하고 '우리가 이 내용에 대해 법적, 윤리적 책임을 진다'는 기업의 공식 선언이다. '이것이 우리가 세상에 알리고자 하는 공식적인 진실이다'라고 서명하고 책임을 지는 행위는 여전히 인간 최고 경영진과 홍보 전문가의 고유 영역으로 남을 것이다.

홍보 전문가의 역할 재정의

작성자에서 '최종 편집자 및 전략 기획가'로

AI 시대의 홍보 전문가는 더 이상 '보도자료를 쓰는 사람'이 아니라 AI가 생성한 수많은 버전의 보도자료 중 '어떤 것을 선택하고, 어떤 가치를 더하여 세상에 내보낼지 결정하는 사람'인 '최종 편집자'이자 '최고 전략 책임자'로 역할이 바뀔 것이다. 작성 시간이 전략 수립 시간으로 대체되면서 홍보 전문가는 미디어 관계 강화, 위기관리 시나리오 개발, 장기적인 기업 내러티브 구축 등 고차원적 전략 업무에 집중하게 될 것이다(최승은, 2024; 이순임, 2025).

보도자료 3.0 시대 경쟁력

AI는 양질의 보도자료를 대량으로 생산하는 '보도자료 2.0' 시대를 열었으며, 이로 인해 '평균적인 보도자료'의 품질은 상향 평준화될 것이다. 이러한 환경에서 차별화를 이끄는 보도자료 3.0 시대의 승자는 '더 빠르게' 쓰는 기업이 아니라 '더 인간적인 통찰력, AI 감수성 기반의 윤리적 투명성, 그리고 독창적인 스토리'를 담아내 '뉴스 가치'를 극대화한 기업이 될 것이다. 이에 따라 미래 미디어 환경(유료 구독, 쇼트폼 콘텐츠) 변화에 맞춰 독점적인 시장 데이터와 스토리의 '결정적 순간'을 요약한 콘텐츠를 제공하는 전략이 중요해진다(뉴스와이어, 2024).

미래 홍보 전문가의 4대 핵심 역량

프롬프트 통찰력

AI를 단순한 도구로 사용하는 것을 넘어 전략적 목표, 윤리적 제약, 창의적 의도를 담아 AI를 제어하고 결과 품질을 판단하는 능력이다. 질문의 수준과 방향이 결과물의 질을 좌우하므로, 홍보 전문가는 AI를 최고의 전략적 파트너로 활용할 수 있는 통찰력을 가져야 한다.

전략 기획가

AI를 통해 확보한 시간을 단순한 작성 업무가 아닌 장기 커뮤니케이션 전략 수립과 미디어 연구에 투자하는 능력이다. 홍보 전문가는 반복적 업무에서 벗어나 기업 내러티브 구축, 위기관리 시나리오 개발, 미래 미디어 환경 대응 등 고차원적 전략 업무에 집중할 수 있어야 한다.

윤리적 판단력

AI가 생성한 콘텐츠의 편향성, 오류, 법적 · 윤리적 위험을 감지하고 대응하는 책임감이다. 신뢰와 투명성을 유지하며 '이 내용이 법적 · 윤리적으로 적합한가?'를 최종 판단하고, 결정에 책임을 지는 능력은 인간만이 가질 수 있는 핵심 역량이다.

인간적 연결력

AI가 대신할 수 없는 영역은 인간적 관계 구축이다. 기자와의 신뢰 형성, 이해관계자와의 진정성 있는 소통, 내부 직원 격려와 동기 부여 등 휴먼 터치 영역에 집중해야 한다. AI가 절약해 준 시간을 이러한 인간적 연결력 강화에 투자함으로써 홍보 전문가는 조직 내외부에서 영향력을 발휘할 수 있다.

에필로그: 미래 내러티브의 설계자

생존을 넘어 가치 창조자로

AI는 보도자료 작성의 속도와 효율을 극한으로 끌어올리는 강력한 도구이지만 그 결과물에 대한 최종적인 책임과 가치를 부여하는 통찰력은 언제나 홍보 전문가에게 있다. AI는 '어떻게(How)'를 혁신했지만 '왜(Why)' 공표해야 하는지에 대한 전략적 의도와 윤리적 판단은 인간의 영역으로 남아 있다. AI 시대는 홍보 전문가에게 지루한 반복 작업에서 벗어나 기업의 진정한 가치와 사회적 의미를 탐구하고, 깊이 공감할 수 있는 스토리를 발굴하는 가치 창조자로서 번영할 기회를 제공한다.

미래 내러티브 플랫폼 설계

기술은 늘 전문가의 역할을 재정의해 왔다. 생성형 AI는 홍보 전문가에게 새로운 시대적 임무를 부여한다. 전문가는 AI를 적극적으로 학습하고 활용하며 인간만이 가질 수 있는 영역인 공감, 윤리, 전략에 집중해야 한다.

장기적으로 '보도자료'라는 단어는 공식적인 언어에서 사라질지도 모른다. 대신 그 자리를 차지하는 것은 AI가 실시간으로 유지·갱신하며 진실성을 보증하는 브랜드의 '오픈 내러티브 플랫폼'이 될 전망이다. 이 플랫폼은 단순한 메시지 발송 시스템을 넘어 블록체인 기반의 법적 공표 기능을 통합, 모든 정보의 최종 기준이 된다.

이는 100년 역사를 지닌 보도자료의 종언이 아니다. 오히려 AI가 주도하는 새로운 커뮤니케이션 서사의 탄생이다. 변화의 물결 속에서 홍보 전문가는 사라짐 속에 숨겨진 탄생의 순간을 포착해야 한다. 이제 기술 효율성을 넘어, AI가 결코 모방할 수 없는 인간적인 통찰력과 시대정신을 세상에 건네야 한다. 이 새로운 보도자료 생태계는 홍보 전문가들이 소속된 기업·기관의 최고의 전략가이자 윤리적 리더로서 미래 커뮤니케이션의 역사를 직접 쓸 기회를 제공할 것이다.

미래 내러티브의 최종 설계자는 바로 당신이다.

"AI의 언어로 효율을 확보하고, 인간의 통찰력으로 세상의 내러티브를 설계하라."

참고문헌

뉴스와이어(2024.12.23). "2025년 PR, IR 및 미디어 관계 트렌드 15가지". https://blog.newswire.co.kr/?p=16929

이순임(2025.9.12). "[기획] AI가 선택하는 시대, 기업 홍보의 무기는 '콘텐츠 설계'". 반론보도닷컴. https://www.banronbodo.com/news/articleView.html?idxno=30864

최승은(2024.2.14). "홍보 마케터 63% "생성형 AI로 업무 생산성 높아져"". 매드타임스. https://www.madtimes.co.kr/news/articleView.html?idxno=19780

김승기

와이즈유 영산대학교 홍보팀장이다. 서강대학교 신문방송학과를 졸업하고 1997년 한국일보·일간스포츠에서 기자 생활을 시작했다. 이후 스포츠투데이 등에서 취재와 편집을 두루 거치며 언론 현장을 폭넓게 경험했다. 2012 여수세계박람회, 2013 평창동계스페셜올림픽 등 국제행사 홍보를 맡으며 본격적으로 커뮤니케이션 영역에 뛰어들었다. 한국해양대학교 홍보실장, 뉴스1 부산경남 편집국장을 거쳐 현재 영산대학교 홍보팀을 이끌고 있다. '기자의 눈'과 '홍보맨의 손'을 함께 지닌 채 27년간 언론과 홍보 현장을 누비며 한결같이 '소통'의 길을 걸어왔다. 저서로는 《AI와 대학 홍보 전략》(2025)이 있다.